www.ingramcontent.com/pod-product-compliance
Lightning Source LLC
LaVergne TN
LVHW010340070526
838199LV00065B/5762
* 9 7 8 9 3 5 8 7 2 2 2 8 4 *

پُروائیاں

(انتخاب کلام)

بیکل اتساہی

© Bekal Utsahi

PurwaiyaaN *(Poetry)*
by: Bekal Utsahi
Edition: December '2024
Publisher :
Taemeer Publications LLC (Michigan, USA / Hyderabad, India)

ISBN 978-93-5872-228-4
9 789358 722284

مصنف یا ناشر کی پیشگی اجازت کے بغیر اس کتاب کا کوئی بھی حصہ کسی بھی شکل میں بشمول ویب سائٹ پر اَپ لوڈنگ کے لیے استعمال نہ کیا جائے۔ نیز اس کتاب پر کسی بھی قسم کے تنازع کو نمٹانے کا اختیار صرف حیدرآباد (تلنگانہ) کی عدلیہ کو ہوگا۔

© بیکل اتساہی

کتاب	:	**پُروائیاں** (انتخاب کلام)
مصنف	:	**بیکل اتساہی**
صنف	:	شاعری
ناشر	:	تعمیر پبلی کیشنز (حیدرآباد، انڈیا)
سالِ اشاعت	:	۲۰۲۴ء
صفحات	:	۱۴۰
سرورق ڈیزائن	:	تعمیر ویب ڈیزائن

اُن

تاثرات

کے

نام

جنھوں نے غزل کہنے پر آمادہ کیا

اعترافیہ

بحث برائے بحث کی بات تو دوسری ہے۔ اس حقیقت سے کوئی بھی سنجیدہ آدمی انکار نہیں کر سکتا کہ صنفِ غزل ہر دور میں اردو شاعری کی آبرو رہی ہے اور آج بھی دیگر اصناف سخن کے مقابلے میں سربلند ہے، غزل کی اس توانائی کا راز خصوصیت کے ساتھ اس امر میں پوشیدہ ہے کہ ماہ و سال کے سفر کے ساتھ ساتھ وہ بھی ارتقار پذیر رہی ہے۔ اور اُس نے اپنے کو لغوی معنوں تک محدود نہیں رکھا ہے۔ ایک زمانہ وہ بھی تھا جب غزل کو عورت کی یا عورت سے بات چیت تک محدود سمجھا جاتا تھا اور محض وارداتِ قلبی اور معاملات حسن و عشق کی عکاسی کو اس کا منصب قرار دیا جاتا تھا مگر یہ بھی ایک حقیقت ہے

کہ غزل اپنے ابتدائی دور میں بھی لغات کے اُن معنوں تک محدود نہیں رہی اور اس میں حسن و جمال کے ساتھ ساتھ حیات و کائنات کے دیگر مسائل بھی دخیل ہوتے گئے۔ دبستان لکھنؤ نے اس کے خارجی پہلوؤں پر زور دیا اور کاریگران شعر نے غزل کی بندش الفاظ کے نگینے جڑنے اور مرصع سازی سے تعبیر کیا۔ مگر رفتہ رفتہ زندگی کے مسائل میں اتنے گوشے پیدا ہوتے گئے کہ دورِ حاضر کا ذہن بھی اس سے استفادہ کرنے کا خواہش مند ہوتا گیا اور تنگنائے غزل کے اندر مزید وسعت کی ضرورت محسوس ہوئی۔ خیریت یہ گزری کہ غزل کے پاس رموز و علائم کے طلسمی چراغ تھے جن کی روشنی میں غزل اپنی قدیم بنیادوں

پر قائم رہتے ہوئے بھی جدید میلانات اور نئے خیالات سے ہم آہنگ ہوتی گئی پھر اس کے امکانات کی سرحدیں روز بہ روز وسیع سے وسیع تر ہوتی گئیں، نتیجہ یہ ہوا کہ تغزل اور شگفتگی کے ساتھ ساتھ اچھے غزل گو شعرا دورِ حاضر کے تہہ دار الجھے ہوئے اور گمبھیر مسائل کو آئینہ دکھلانے لگے۔

میں بنیادی طور پر نظموں اور گیتوں کا شاعر رہا ہوں. نظمیں تفصیل و توضیع کی متقاضی رہی ہیں مگر میرے گیتوں سے مجھے یہ فائدہ ضرور حاصل ہوا کہ سبک، شیریں اور نرم لب و لہجہ میں گفتگو کرنے کا انداز حاصل ہوتا گیا، یہی شیرینی اور شگفتگی میری غزلوں کے تخلیقی عمل کے لئے مشعلِ راہ بنی، میری تشکیل فکر

اس ہندوستان میں ہوئی جو غلامی کی بیڑیوں کو کاٹ چکا تھا مگر غلامی کی لعنتوں سے مکمل طور پر آزاد نہیں ہوا تھا۔ میرے سامنے حسن و عشق کے بنیادی جذبات کے ساتھ ساتھ وہ مسائل بھی تھے جن سے ہماری انسانیت مجموعی طور پر اس دور میں دوچار رہی ہے۔

مجھے کیا خبر کہ ارباب نقد و نظر میری غزلوں کے بارے میں کیا حکم لگائیں گے، لیکن مجھے اس بات کے اظہار میں ذرا بھی تکلف نہیں ہے کہ میں نے حسن و عشق، ناز و نیاز ہجر و وصال، شوق و انتظار کے روائتی مسلمات کے ساتھ اس بات کی بھی کوشش کی ہے کہ اُن تقاضوں کو بھی نظر انداز

نہ کردوں جن کا مطالبہ دورِ حاضر غزلوں سے کیا کرتا ہے۔

میں اپنی ان کاوشوں میں کہاں تک کامیاب ہوا ہوں. اس کا فیصلہ تو اربابِ ادب ہی کر سکتے ہیں لیکن مجھے اس بات کا احساس و اعتماد ہے کہ مری انھیں غزلوں کو ہندوستان کے عوام و خواص دونوں نے جس انداز میں سراہا اور پسند کیا ہے وہ انداز کم لوگوں کے حصّے میں آیا۔

گزشتہ سطور میں میں نے اشارہ کیا ہے کہ غزل کا فنی آبگینہ بہت نازک ہوا کرتا ہے اور جب اس میں کوئی غیر مانوس اور نیا لفظ یا لب و لہجہ شامل ہوتا ہے تو غزل بڑی مشکل اور برسوں کے ریاض کے بعد اُسے

قبول کر پاتی ہے۔

میں نے جس ہندوستان میں اپنی غزلیں کہی ہیں اس میں مجھے اس بات کا شدید احساس رہا ہے کہ اردو زبان کا رشتہ فارسی اور عربی سے کم ہندی اور دیگر علاقائی زبانوں کے ساتھ زیادہ استوار ہوتا نظر آرہا ہے، میں نے اپنی کچھ غزلوں میں اس بات کی شعوری کوشش کی ہے کہ ہندی کے سبک اور سجل الفاظ جو ابھی تک ہماری غزلوں میں شامل نہیں ہوئے تھے ان کو شامل کروں اور اُن کی نشست و بندش کچھ ایسی رکھوں کہ وہ عربی اور فارسی الفاظ کے ساتھ مل کر تاثر کو دو آتشہ بنائیں اور صوتی آہنگ کے اعتبار سے

اپنے سیاق وسباق میں اس طرح سے ہم آہنگ ہو جائیں کہ لفظی غرابت کا احساس باقی نہ رہے، زبان و بیان پر کھنے والے ممکن ہے کہ اسے بدعت سے تعبیر کریں مگر میں یہ جانتا ہوں کہ بدعت اپنے دور میں بدعت ضرور رہتی ہے لیکن یہ بھی ہوتا ہے کہ کبھی کبھی مستقبل اُسے اجتہاد کا درجہ عطا کر دیتا ہے۔

ان چند الفاظ کے ساتھ میں اپنی غزلوں کا یہ مجموعہ ارباب نقد و نظر اور ہندوستان کے عوام، دونوں کی خدمت میں یکساں خلوص و اعتماد کے ساتھ پیش کر رہا ہوں۔

بیکل اتساہی بلرام پوری

۲۶ر جنوری ۱۹۷۵ء

○

ڈگر ڈگر انگارے برسیں گلی گلی پتھراؤ
ٹھہرو آج بڑا جوکھم ہے تنہا کہیں نہ جاؤ

موسمِ گل کا اہلِ جنوں بھی جانے ہیں دستور
گلشن گلشن کھِلنے والو صحرا بھی مہکاؤ

احساسات کی دھوپ میں تپ کر یہ بھی ہوا رنگین
پھول کا رنگ اتر جائے گا اب نہ کُریدو گھاؤ

کیا جانے کب صبح کی کرنیں پی جائیں یہ جام
اے شبِ میخانہ کی کلیو! اور ابھی مُسکاؤ

جی بھر کے دیکھا ہی نہیں ہے مجبوری کا روپ
زیست کے رخ سے ضبط کا آنچل اور تُنک سرکاؤ

ڈھونڈھ ہی لیں گی بیکلؔ آنکھیں دیکھ ہی لیں گے لوگ
دل کا چین چرانے والو کا ہے کہیں رُکاؤ

○

آج بلا عنوان سُنا ہے، افسانوں کا چرچا ہے
گردشِ دوراں خیر ہو تیری، دیوانوں کا چرچا ہے

جلنا جس نے جل کے سکھایا اُس کا کہیں پر نام نہیں
لیکن یہ کیوں محفل محفل پروانوں کا چرچا ہے

آج نہ جانے کیا عالم ہو کیا بیتے ساقی کے ساتھ
صبح سے میخانے کے باہر پیمانوں کا چرچا ہے

پہلے تو چپ چاپ تماشہ دیکھ رہے تھے ساحل سے
ڈوبنے والا ڈوب گیا، تب طوفانوں کا چرچا ہے

پیاس کی ماری پگلی دھرتی پی گئی اشک کے جام پہ جام
دیر و حرم کے دروازوں پر میخانوں کا چرچا ہے

کانپ رہے ہیں دیپ گگن کے، ہانپ رہی ہیں اوشائیں
جیسے ماہ و نجوم پہ بیکلؔ انسانوں کا چرچا ہے

جنوری ۱۹۴۹ء

○

زلف بکھیری آج کسی نے، رند نے سمجھا کالی گھٹا ہے
حضرت زاہد جھوم کے بولے کیا کہنا، یہ وقت عشا ہے
مانگ میں افشاں کی ضو باری، کاہکشاں کا عالم طاری
آدھی رات کا منظر جیسے، سارا جگ بے ہوش پڑا ہے
بول اٹھیں رہبر کی نگاہیں، جاگ اٹھیں خوابیدہ راہیں
ماتھے پر یہ کیا چمکا ہے مدھم قطب ستارا سا ہے
روشن روشن سارا عالم ہونٹ پہ پھول آنکھوں میں شبنم
صبح گلشن رقص میں آئی، سیج پہ کوئی جاگ اٹھا ہے

سرخیٔ عارض دہکی دہکی اوشا جیسے لہکی لہکی
چاند پہ آج ہے پورا ہالا رُخ سے حُسنِ حجاب ہٹا ہے

جنبشِ لب میں روپ چمن کا انگڑائی میں طَور دھنک کا
حسنِ تکلّم جادو نغمہ، شوخ سا تیور، برقِ بلا ہے

راہ پہ سبزے ہیں بلہاری ہائے ستم نازک رفتاری
دھرتی جھوم کے تلوا چومے بل کھاتا انسان چلا ہے

کاندھے سے لو آنچل سرکا آبِ رواں جھرنے سے ڈھلکا
کاجل اُن آنکھوں میں بیکلؔ دیکھو تو دن ڈوب رہا ہے

۱۹۵۲ء

○

آج نہ جانے کیا جادو ہے یادوں کی رعنائی میں
محفل کی محفل نکھری ہے میری شب تنہائی میں

زلفوں کے بادل بکھرائے تم جانے کس دیس بسے
غم کی دھوپ اتر آئی ہے جیون کی انگنائی میں

جب تک تم تھے پاس ہمارے آنکھیں بھی ہنس لیتی تھیں
اب تو یہ روتی بھی نہیں ہیں فرقت کی کٹھنائی میں

ویسے تم معصوم بہت ہو چاہے جتنے ظلم کرو ہو
اور بھلے لگتے ہو تم اپنی نٹھرائی میں

پیار میں مدرا چھلکائے ہے ممتا میں امرت برسائے
رنگ ہلاہل کا جھلکے ہے چِتون کی چترائی میں

یادیں تو اکسا دیتی ہیں بھولی بسری چوٹوں کو نر
آنسو آگ رگا دیتے ہیں ساون کی پُروائی میں

تیری مسکانوں کا سایہ تاج محل کا روپ انوپ
جمنا کی موجوں کی مستی ہے تیری انگڑائی میں

دھرتی کے ذرّے کی خاطر چاند کو کوئی چنتا کیوں
پھول کنول کا کیوں کھو جائے بھنورے کی تنہائی میں

دنیا کی تہمت سے ڈرنا پیار کا کچھ دستور نہیں
عشق تو اور نکھر جاتا ہے تپ تپ کر رسوائی میں

جنگل جنگل بستی بستی پیار کا چرچا، حسن کی بات
پھر کیا بیکلؔ تم جھانکو ہو ہر دل کی گہرائی میں

۱۹۶۶ء

بات بات میں کھو کھو جانا یہ کیا بھید ہے کھولو ہو
کیا جانے کیا لوگ کہیں گے چپ نہ رہو کچھ بولو ہو

دوراہے کی رعنائی میں گم ہونا تو آسان ہے
آؤ چلو ٹک اے ہمسفرو اک رستے پر ہو لو ہو

یوں تو ساری عمر پڑی ہے یادو! نیند اڑانے کو
صبح کہیں پہچان نہ جائے آج کی رات تو سو لو ہو

چلتے پھرتے ویرانوں کے شہر میں سب کچھ بکتا ہے
خود کو بیچ کے بیچ سڑک پر اپنی جیب ٹٹولو ہو

نغمے ڈوبے مجبوری میں قربت کھو گئی دوری میں
آج گلے مسکان سے لگ کر پہروں بیٹھ کے رو لو ہو

ایک طرف ہے یاد وطن کی ایک طرف ہے پیار کا روگ
دل کو اس تشویش میں رکھ کر کیوں پردیس میں تولو ہو

عرض کروں ہوں کیا کچھ بیتی مجھ بیکلؔ دیوانے پر
جاننا ہے تو اپنے نین میں میرے اشک سمو لو ہو

لندن۔ اگست ۱۹۶۹ء

○

گیتوں کے مکھڑے نکھرے ہیں پھولوں سے بھرے آنگن کی طرح
الفاظ و ترنم مچلے ہیں مسکاتے ہوئے بچپن کی طرح

اے فصل بہاراں یہ سچ ہے کچھ قدر نہ ہو پائی تیری
لیکن یہ بتا کوئی اور چمن دیکھا ہے مرے گلشن کی طرح

میں کیسے لٹا ہوں ہمسفرو یہ حال نہ رستے میں پوچھو
ہر گام اب اپنی پرچھائیں لگتی ہے مجھے رہزن کی طرح

خاموش ہو کیوں اے بادہ کشو کیا بات ہے آخر کچھ تو کہو
کیا آج بھی پھر میخانے کی حالت ہے کسی نردھن کی طرح

تنا کے تپے تمہیں صحرا کی نظر ڈھونڈھے ہے تمہیں پھولوں کی ڈگر
اے عہد بہاراں کی یادو تم دل میں بسو دھڑکن کی طرح

ہر راہ ہے اک دیوارِ فسوں، ہر موڑ ہے جلوہ گاہِ سکوں
ترے شہر میں اب بھٹکے ہے جنوں، جنگل میں کسی جوگن کی طرح

پھر دوج نے چوم لیے ابرو، بکھرائے اماوس نے گیسو
آکاش پہ دھرتی کا جادو ہم دیکھا کیے درپن کی طرح

کروٹ کروٹ تنہائی نے چھیڑا تری یادوں کا ابھرا
پہلو پہلو سناٹا بھی کھنکے ہے ترے کنگن کی طرح

زلفوں کی گھٹاؤں سے پہلے کچھ روپ کی دھوپ ہی بکھرا دے
اے جانِ غزل یہ موسم بھی، لگتا ہے تری چتون کی طرح

کچھ چہرے شرابِ زر سے ڈھلے کچھ جسم حسد چاندی میں تلے
کب دیکھیے بیکلؔ کون ملے، مخلص بھی ہمارے فن کی طرح

لال قلعہ، دہلی، جنوری ۱۹۷۰ء

○

جب سے سُنا ہے اہلِ جنوں کا آگیا نام اسیروں میں
اہلِ خرد کچھ دیکھ رہے ہیں ہاتھ کی چند لکیروں میں

ہنگاموں کے شہر میں کوئی دل کی بزم سجائے ہے
میرا کی رچنائیں کھو گئیں جیسے ڈھول مجیروں میں

گوکل گوکل عشق کی رادھا رنگ بسنت میں کھوئی ہے
مدھوبن مدھوبن حُسن کے کانہا کھیلیں پھاگ اہیروں میں

مگھر مگھر روپ کے کر گئے کاشی کاشی جوت سے کے گھاٹ
پھر کیا ڈھونڈھیں گیان کسی کا وقت کے جھوٹے کبیروں میں

موجوں کے ماتھے پہ لکھی ہے قسمت کشتی والوں کی
عیش کی پریاں ناچ رہی ہیں ساگر پار جزیروں میں

منزل کی یہ چاہ عجب ہے لوٹ بھی لٹ جائے بھی
بھیس بدل کر ساتھ چلے ہے رہزن بھی رہگیروں میں

یوں نہ ستاروں کے جھرمٹ میں پونم روپ سجاؤ ہو
گیت کا ہر اک انگ نہ جکڑو لفظوں کی زنجیروں میں

مومنؔ نے ایمان دیا تھا، غالبؔ جان گنوائے تھے
ذوقِ غزل کا میرؔ نہ ڈھونڈھو آج سیاسی میروں میں

صبح نہ جانے پھر کیا بیتے شہر کے بنگلے والوں پر
بات کوئی گمبھیر چھڑی ہے خانہ بدوش فقیروں میں

کیا جانے کب ڈس لیں بیکلؔ ہم بشواس کے ماروں کو
آج کچھ ایسے دوست ملیں گے پالے ناگ ضمیروں میں

○

دھوپ سے چہرے پر یہ کب تک سایے سا آنچل نرموہی
کوئی بھی رُت ہو ٹِک نہیں پایا سورج پر بادل نرموہی
جھوم کے برسی کالی گھٹا بھی اور بھی بہکی بادِ صبا بھی
جب کسی تشنہ کام کے ہاتھوں ٹوٹ گئی بوتل نرموہی
میری غزل کے پیراہن میں گیت کا مکھڑا دیکھ کے بولے
سنجیدہ مفہوم ہے لیکن لفظ بڑے چنچل نرموہی
رات اندھیری سونی راہیں، سناٹوں کی تیز نگاہیں
ادِ وفا کی قاتل بانہیں، ساتھ نہ میرے چل نرموہی

گاؤں اجڑ کر اس کے ہاتھوں ویرانے کو لکھتے ہیں

وقت نے کیسا ٹونا مارا ہو گئے سب پاگل زموہی

سوکھے ہونٹ اور بھیگی آنکھیں اکثر دل کی سوغاتیں ہیں

پہلے آگ لگا کر ناداں پھر برسائے جل زموہی

درپن نے سج دھج کی ڈگر میں کون سی ایسی بات کہی ہے

گم صم ہے سیندور یہ کیسے بے سدھ ہے کاجل زموہی

میخانے سے دور رہے ہیں نشے میں پھر بھی چور رہے ہیں

جانے کس نے روگ لگایا ہو گئے ہم بیکل زموہی

○

زندگی جب بھی کبھی غم کے بسیروں میں ملی
روشنی اور کبھی گمبھیر اندھیروں میں ملی
لوگ لُٹ لُٹ کے بھی مانوس تباہی نہ ہوئے
اِک اسی بات کی تشویش لیڈروں میں ملی
وہ جو زنداں میں ملا کرتی تھی بیباکی سے
وہ ہوا آج پشیماں سی بسیروں میں ملی
راہ جو جاتی تھی مختاروں کے محلوں کی طرف
وہی مجبوروں کے اجڑے ہوئے ڈیروں میں ملی

پاسبانو یہ نوازش یہ کرم خوب مگر
وہ تواضع جو سرِ راہ لٹیروں میں ملی؟
روز ملتی تھی اجل ترک تعلق کے طفیل
ربط کے بعد یہ ظالم کئی پھیروں میں ملی

مِل گیا وقت کو قتل شب ہجراں کا سُراغ
شامِ غم جب بھی مسرت کے سویروں میں ملی
ناگنیں لفظ و ترنم کی اسے ڈس ہی گئیں
نغمگی جو مرے گیتوں کے سپیروں میں ملی

آج اُجالا یہ کہتا تھا لگ کر گلے اندھیرے سے
شام کی سواگت میں دیوانے جل گئے دیپ سویرے سے

پگ پگ پر اپنی پرچھائیں سے ڈر کر گھبرائے ہیں
منزل سے پہلے جب ہم نے پوچھی راہ لٹیرے سے

آج کی دنیا میں کیا پوچھو یارو ناز کے پالوں کا
مانگ کے جیون جی لیتے ہیں اس ڈیرے اُس ڈیرے سے

کلیوں کی آنکھیں بھیگی ہیں سوکھے ہیں پھولوں کے ہونٹ
چھوڑ کے گیت ادھورا پنچھی اڑ گیا آج بسیرے سے

یا مانجھی خود ڈوب گیا ہے چھوڑ کے اک انجان کی لاش
یا طوفان میں چوک ہوئی کچھ بیتی رات مچھیرے سے

کل تک تم کس اِندر سبھا میں امرت رس برساتے تھے
سوکھ گئے جب کھیت دلوں کے پھر کیا مینہہ گھنیرے سے

جب تک دور رہے تم ہم سے تب تک روپ تمہارا تھا
اب ہے ہمارے گیت کا مکھڑا دیکھا تمہیں جب نیرے سے

رستے رستے ناگ حسد کے بیکل پھن پھیلائے ہیں
شہر خلوص کے چوراہے پر چھین لی بین سپیرے سے

○

کب تک ہاتھ کی ریکھاؤں میں ڈھونڈھے گا تقدیر رے جوگی
کیا جانے کب ناگن بن کر ڈس لے کوئی لکیر رے جوگی

دھوپ دھوپ چہروں کی حکومت چھاؤں چھاؤں زلفوں کی سیاست
جیون کے اس دوراہے پر رانجھا بن گئی ہیر رے جوگی

نغموں کی بستی سے اکثر سناٹے بھی گزرے ہوں گے
گویائی کے دور میں کیوں ہے خاموشی تقصیر رے جوگی

کب تک یوں ہی بھیس بدل کر جرم کا روپ چھپائے گا تو
پانی پر کب ٹک پائی ہے بالو کی تصویر رے جوگی

صدیوں سے بیدار رہے ہیں اُس بستی کے رہنے والے
جس بستی کے چوراہے پر لُٹتے رہے فقیر رے جوگی

کیا جانے کتنے یُگ بیتے بیٹھے ہوئے بیراگ ڈگر میں رے
منزل سے پہلے یہ کیسی پاؤں پڑی زنجیر رے جوگی

ڈوب گیا کوئی وقت کا مارا یا کوئی طوفان اٹھے گا
صبح سے آج ندی کی موجیں ہیں کتنی گمبھیر رے جوگی

تو اُس تٹ پر جوگ کے گھونگھٹ میں، میں اس چھور پہ سوگ کے پٹ میں
یُگ یُگ کی یہ اَن مِٹ دوری کیسے رہے اسیر رے جوگی

ستھری ستھری عشق کی موجیں ستھرا ستھرا حسن کا ساحل
دیکھنا ہے تو سنگ ہمارے چل جمنا کے تیر رے جوگی

تیکھے بان، انوٹھے چتوں، بیکل نیناں، پیا سے درپن
عمر کے اِن چنچل ہاتھوں میں زہر بھی ہے اکسیر رے جوگی

"دوہے"

ندیاں بہیں ہواؤں میں پانی ڈھوئے دھول
شعلے اُپجیں خاک سے، آگ اُگائے پھول

نشتر چاہے پھول سے، برف سے مانگے خون
دھوپ کھلائے چاند کو، اندھے کا قانون

امرت رس کے بین پر زہر کے نغمے گاؤ
مرہم سے مسکان کے زخموں کو اُکساؤ

دوہے

جھینپے جھینپے نین کی شوخ شوخ مسکان
چغتائی کی فکر میں غالب کا دیوان

ناگن جیسی زلف ہے مرمر جیسا روپ
جیٹھ کے یہ بکھرا سے بادل، یہ ساون کی دھوپ

بیکل جی کس فکر میں بیٹھے ہو من مار
کاغذ کی اک اوٹ ہے زنداں کی دیوار

○

اٹھ گئے دورِ جام سے پہلے
تشنہ لب فیض عام سے پہلے

ابتدا کر رہا ہوں جینے کی
اے اجل تیرے نام سے پہلے

زندگی تلخ کام تھی کتنی
رقص مینا و جام سے پہلے

ہر نظام حیات باطل تھا
میکدے کے نظام سے پہلے

حشر کا تھا کسے یقیں اتنا
حسنِ محشر خرام سے پہلے

اتنی رنگیں تھی کب غزل بیکلؔ
اصغرؔ[1] خوش کلام سے پہلے

۱۹۴۸ء

[1] حضرت اصغرؔ مرحوم گونڈوی سے مراد ہے۔

○

فصل بہار جھومے، حسیں گلستاں بنے
یہ مدّعا نہیں کہ مرا آشیاں بنے
پھولوں کا رنگ بڑھ کے شراروں نے لے لیا
جب سے چمن کے اہلِ خرد باغباں بنے
ذرّے کبھی جو گم تھے مری گردِ راہ میں
یہ وقت ہے کہ آج وہی کہکشاں بنے
رکھنی ہے گمرہی میں بھی اب رہنما کی لاج
سب مل کے یوں چلو کہ کوئی کارواں بنے

وہ بے زباں ہوا ہے زمانے کے سامنے
جب بھی حضور آپ کسی کی زباں بنے

احساسِ بندگی مرا اتنا بلند ہے
سر جس جگہ جھکا دوں وہیں آستاں بنے

سب چھیڑ کے تجھے تری محفل سے اٹھ گئے
اک ہم ہی رہ گئے جو ترا امتحاں بنے

بیکل بیانِ حُسن و محبت بجا مگر
خود اس طرح مٹو کہ کوئی داستاں بنے

فروری ۱۹۵۰ء

○

راس نہ آئے جب طوفان
موجوں سے ساحل پہچان

روک سکیں کب آنکھیں اشک
روٹھ چلے آخر مہمان

پھر ہے وہی اندازِ فریب
پھر وہی لٹنے کے سامان

خود پیاسی اور غیر کو جام
ایسی نظر پر دل قربان

حسن کی بزم میں دیدہ و دل
اک مانوس اور اک انجان

تیرِ نظر کچھ دیکھ کے چل
اک ہے دل وہ بھی نادان

پھر وہی پرسش کا انداز
پھر وہی بیکلؔ پر احسان

اپریل ۱۹۴۹ء

○

دلبستگیٔ عشق کا ساماں نہیں رہا
اب دل میں تیرے تیر کا پیکاں نہیں رہا

دستِ جنوں نے ایسی اڑائی ہیں دھجیاں
وحشی کے تن پہ تارِ گریباں نہیں رہا

نزدیک آتی جاتی ہے کیوں منزلِ مراد
کیا جستجو کا جوشِ فراواں نہیں رہا

یاد آ گئیں جو حسن کی رنگیں ادائیاں
دل مائلِ بہارِ گلستاں نہیں رہا

فرطِ خلش سے دل ہی بنا تیرِ دل نشیں
اب دل میں تیرے تیر کا احساں نہیں رہا

پیچیدہ تر ہیں اصل میں اس دل کی الجھنیں
جو دل اسیرِ کاکلِ پیچاں نہیں رہا

گلزار جس سے آتشِ نمرود ہو بیکل
شعلہ دلوں میں اب وہ فروزاں نہیں رہا

۱۹۴۶ء

O

محبت اک زبانِ بے زباں معلوم ہوتی ہے
دلِ مضطر کی خاموشی فغاں معلوم ہوتی ہے

نگاہِ دوست جب سے ہو گئی نامہرباں مجھ پر
بڑی مشکل میں جانِ ناتواں معلوم ہوتی ہے

کسی دن دیکھنا خونِ تمنا رنگ لائے گا
ابھی بے رنگ اپنی داستاں معلوم ہوتی ہے

نہ پوچھو میرے دل سے رفعتِ شوقِ جبیں سائی
زمینِ کوئے جاناں آسماں معلوم ہوتی ہے

کسی کے عشق میں اس درجہ شوقِ جاں نثاری ہے
کہ ہر اک سانس عمرِ جاوداں معلوم ہوتی ہے

اسی جا پر بناتا ہوں میں جا کر آشیاں اپنا
جہاں بھی لرزشِ برقِ تپاں معلوم ہوتی ہے

گلِ باغِ تمنا کھل ہی جائے گا ترا بیکل
تجھے جب آتشِ غم گلستاں معلوم ہوتی ہے

۱۹۴۶ء

○

مری ہر سانس روداد جوانی بنتی جاتی ہے
خدا رکھے ستم سے زندگانی بنتی جاتی ہے

وہ تھا آغازِ الفت جب کہانی بھی حقیقت تھی
مگر اب تو حقیقت بھی کہانی بنتی جاتی ہے

نگاہِ ناز میں ان کی حیات و موت مضمر ہے
اسی اک کشمکش سے زندگانی بنتی جاتی ہے

ثبوتِ بے ثباتی ہر نفس دیتا ہے وحشت میں
شبِ فرقت بھی در پردہ سہانی بنتی جاتی ہے

تصور میں تری ہر اک ادا میرے لئے ساقی
حقیقت میں شرابِ ارغوانی بنتی جاتی ہے

حضورِ دوست لب کھلتے نہیں بیکل مگر پھر بھی
خموشی خود زبانِ بے زبانی بنتی جاتی ہے

۱۹۴۶ء

○

درد کا خانماں لٹ نہ جائے
اک دل ناتواں لٹ نہ جائے
بجلیوں کا جہاں لٹ نہ جائے
یہ مرا آشیاں لٹ نہ جائے
ہو نہ ہو آج وہ مسکرا دیں
پھر غمِ جاوداں لٹ نہ جائے
ان کے دامن کو منزل نہ سمجھو
آنسوؤں کا رواں لٹ نہ جائے
شمع کی تھرتھرانے لگی لو
عاشقِ بے زباں لٹ نہ جائے
کیوں نہ دیں جان جل کر پتنگے
بزمِ آہ و فغاں لٹ نہ جائے
آج پھر راہبر کچھ خفا ہے
آج پھر کارواں لٹ نہ جائے
لوٹ کر میری توبہ کو بیکلؔ
ساقیٔ مہرباں لٹ نہ جائے

۱۹۴۶ء

○

چھیڑا ہے دل نے غم کا فسانہ ہزار بار
کروٹ بدل چکا ہے زمانہ ہزار بار

اے دل سکون و ضبط کی منزل سے کیوں گریز
تو بن چکا ہے کس کا نشانہ ہزار بار

بڑھتا رہے گا مشقِ تصور کا حوصلہ
آیا کرے گا ایسا زمانہ ہزار بار

توبہ تڑپ تڑپ گئی دیکھا کئے مگر
ساقی کا چشمِ ناز جھکانا ہزار بار

گرتی رہیں گی میرے نشیمن پہ بجلیاں
پاتا رہوں گا پھر بھی ٹھکانا ہزار بار

جانے کو جا رہا ہوں ترے در سے بے نصیب
آؤں گا لیکے غم کا بہانا ہزار بار

بیکلؔ خدا گواہ یہ راتوں کی بیکلی
بیتے گا یونہی دن بھی سہانا ہزار بار

۱۹۴۷ء

○

زلف بکھرا کے نکلے وہ گھر سے
دیکھو بادل کہاں آج برسے

زندگی وہ سنبھل نہ سکے گی
گر گئی جو تمہاری نظر سے

جل ہی جائے نہ دامن تمہارا
مت لگاؤ میری چشم تر سے

راہگیرو بدل ڈالو راہیں
راہزن مل گئے راہبر سے

میں ہر اک حال میں آپکا ہوں
آپ دیکھیں مجھے جس نظر سے

رُخ پہ لہرائے گیسو سنور کے
کوئی کہدے یہ شام و سحر سے

پھر ہوئیں دھڑکنیں تیز دل کی
پھر وہ گزرے ہیں شاید ادھر سے

بجلیوں کی تواضع میں بیکلؔ
آشیانہ بناؤ شرر سے

۱۹۴۷ء

○

ہوش سے ہو گئے جو بیگانے
وہ چلے میرے دل کو سمجھانے

کیا ہو انجام یہ خدا جانے
ہیں ابھی رقص میں تو پروانے

ضبط تشنہ لبی تو کام آیا
خود گلے مل رہے ہیں پیمانے

یہ بھی سازش ہے کم نگاہی کی
لٹتے لٹتے بچے ہیں میخانے

تھیں جنوں کی نوازشیں ورنہ
دور ہوتے خرد سے فرزانے

جب بھی تاریکیوں نے گھیرا ہے
جلوے آئے ہیں تیرے بہلانے

وہ جو آئے تو تھم گئے آنسو
اک حقیقت ہزار افسانے

آج ماحول ڈگمگاتا ہے
آج کچھ ہوش میں ہیں دیوانے

جب جنوں نے گرا دیا بیکل
گود میں لے لئے ہیں ویرانے

۱۹۴۷ء

-

○

جو بھی صورت کبھی رونے سے اتر جاتی ہے
آنسوؤں سے وہی ڈھل ڈھل کے نکھر جاتی ہے

ان کے چہرے پہ اگر زلف بکھر جاتی ہے
چاندنی اور بھی بدلی میں سنور جاتی ہے

کیا خبر تجھ کو، مجھے دیکھ کے ہنسنے والے
زندگی یوں بھی دیوانے کی گزر جاتی ہے

جرأت عرض تمنا ہے بڑی گستاخی
اک یہی فکر تو بیمار سا کر جاتی ہے

رنگ دنیا سے الگ ہٹ کے تری یاد کے ساتھ
ایک تصویر مرے دل میں اتر جاتی ہے

چل کے اب تیرے اشاروں پہ ذرا دیکھوں تو
مجھ کو تقدیر مری لے کے کدھر جاتی ہے

قدم ناز سے ٹھکرا کے یہی کہتے ہیں
سر اٹھانے کر مری عظمتِ در جاتی ہے

اس جگہ پیار کی منزل ہے کوئی ان سے کہے
جس جگہ گردشِ ایام ٹھہر جاتی ہے

سہمی سہمی سی کسی یاد سے پہلے بیکل
درد اٹھتا ہے ہر اک چوٹ ابھر جاتی ہے

۱۹۴۸ء

چھٹ گئے بادل نکھری شام — جل گئے دیپک چھلکے جام

ڈوب گئی جب نبضِ حیات — ان کا تب آیا پیغام

بڑھتی ہے دل کی تکلیف — ملتا ہے جتنا آرام

حسن کی خود بینی ہے ناز — عشق کی خودداری آلام

ساری بلائیں ہم کو قبول — آپ پہ کیوں آئے الزام

عشق میں وہ ہو ہار کہ جیت — درد بہ ہر پہلو انعام

اور ابھی نکھرے گا عشق — اور ابھی کر لو بدنام

نقش ہیں کتنے دل پر لوگ
بھول گئے بیکل کا نام

۱۹۵۹ء

ہجر کی شب ، ستاروں کو نیند آ گئی
ہائے میرے سہاروں کو نیند آ گئی
جن کے دم سے تھا ہنگامۂ آرزو
ان محبت کے ماروں کو نیند آ گئی
میں نے چھیڑی ہی تھی داستانِ الم
گلستاں میں بہاروں کو نیند آ گئی
یاس نے جانے چپکے سے کیا کہدیا
کیوں ترے بیقراروں کو نیند آ گئی

ان کا حسنِ نظر الاماں الاماں
کتنے رنگیں نظاروں کو نیند آگئی
سحر تھا نغمۂ بلبلِ خوش نوا
پھول تو پھول خاروں کو نیند آگئی
آج ہی ملتفت تھی وہ چشمِ کرم
آج ہی غم کے ماروں کو نیند آگئی
سن کے بیکلؔ سے پُرکیف و رنگیں غزل
آسماں پر ستاروں کو نیند آگئی

۱۹۵۷ء

○

جہاں جہاں مری تنہائیوں نے پیار کیا
وہاں وہاں تری یادوں نے سوگوار کیا

یہ کیا کیا مرے اشکوں کو پونچھ کر اے دوست
خود اپنے دامن سادہ کو داغدار کیا

فریب کھانے سے پہلے فریب کھانے کے بعد
کہاں کہاں نہ زمانے کا اعتبار کیا

تھا جن پہ ناز گلوں کو انھیں بہاروں نے
سحر کے آتے ہی دامن کو تار تار کیا

قدم قدم پہ مری بے بسی ہی ساتھ رہی
جو راستہ بھی ترے غم میں اختیار کیا

ترے جمال کی برکھا نہ جس کو سینچ سکی
مرے لہو نے اسے حاصلِ بہار کیا

مرے جنوں کی مہک نے اُداس لمحوں میں
فضائے ہوش و خرد کو بھی خوشگوار کیا

جو مسکراتے تھے بیکلؔ ہمارے رونے پر
کسی کی یاد نے ان کو بھی اشکبار کیا

○

اے ہم نفس نہ چھیڑ ابھی دل خموش ہے
نغمات گم ہیں رونق محفل خموش ہے

شاید کوئی لٹا ہے غریب الوطن یہیں
آغوشِ اضطراب میں منزل خموش ہے

اٹھے گا آج پھر کوئی طوفاں نیا نیا
دھارے لرز رہے ہیں تو ساحل خموش ہے

چلمن کسی نے روئے منور پہ ڈال لی
کرنیں سمٹ گئیں مہ کامل خموش ہے

احساس خود فریبی ہی احساس جرم ہے
دامن کا داغ دیکھ کے قاتل خموش ہے

بیکل ابھی لبوں پہ ترے تھا انھیں کا گیت
اب کیا ہوا کہ ان کے مقابل خموش ہے

۱۹۴۸ء

O

رنگِ میخانہ گلشن میں جھلکا
نکہتِ گل اڑی، جام چھلکا
رقص کرتا ہے احساسِ ماضی
درد اٹھتا ہے جب ہلکا ہلکا
یہ تمازت زمانے کی توبہ
روپ سنولا گیا ہے غزل کا
ٹھہریئے، سانس آئے نہ آئے
کیا بھروسہ یہاں ایک پل کا
چاند ہے چاندنی ہی نہیں ہے
یوں فضاؤں پہ چھایا دھندلکا
ایک بیکل کی کشتی ڈبو کر
نام روشن ہوا تو اجل کا

۱۹۵۳ء

○

جب انھیں اپنی جفاؤں پر ندامت ہو گئی
میرے غم کی ہر کہانی اک حقیقت ہو گئی

کھوئے کھوئے سے نظر آتے ہیں کیوں وہ اندنوں
کیا کسی بے درد سے اُن کو بھی الفت ہو گئی

پھر کسی نے رُخ سے دانستہ اٹھا دی ہے نقاب
خیر ہو دنیائے دل کی پھر قیامت ہو گئی

اور بھی زلف پریشاں کو پریشاں کر دیا
مجھ سے کیا باد صبا کو بھی رقابت ہو گئی

لو چلو یوں ہی سہی توبہ کئے بیٹھا ہوں آج
میکدہ کو کل اگر میری ضرورت ہو گئی

چھیڑ کر کلیوں کو بیکلؔ اور خود ہی رو پڑی
قلب شبنم میں بھی پیدا کیا حرارت ہو گئی

۱۹۴۹ء

○

یوں تو لاکھوں دیئے جلائے ہیں
پھر بھی تاریکیوں کے سائے ہیں

چشم ساقی کی مستیاں توبہ
بے پیئے پاؤں لڑکھڑائے ہیں

آج توہین میکشی ہوگی تو
شیخ بھی میکدے میں آئے ہیں

جلوۂ گل، ضیائے ماہ و نجوم
سب فریبِ نظر کے سائے ہیں

درد جیسے کوئی امانت ہے
دل میں اس طرح ہم چھپائے ہیں

میری توبہ کی خیر ہو بیکلؔ
آج ابرِ بہار چھائے ہیں

۱۹۵۱ء

○

بچے نہ دل جو سرِ زلفِ مشک فام آئے
خدا کرے نہ کوئی مرغ زیرِ دام آئے

تیری شبیہ ہو جس دل پہ نقش، دل ہے وہی
وہی زباں ہے زباں جس پہ تیرا نام آئے

ڈبو دی بڑھ کے ندامت نے فردِ عصیاں کی
خود اپنے اشک بڑے وقت پر نہ کام آئے

کچھ ان کے رُخ پہ بڑھی آ رہی ہیں یوں زلفیں
کہ جیسے رنگِ سحر جائے رنگِ شام آئے

رُکے فلک پہ نہ عرشِ بریں پہ شامِ فراق
اگرچہ نالوں کو ایسے کئی مقام آئے

بجائے مے تجھے دینا تھا زہر اے ساقی
عدو کے ہاتھ سے محفل میں مجھکو جام آئے

نویدِ خلد ہو مژدہ ہو باغِ جنّت کا
ترے جواب میں بیکلؔ اگر سلام آئے

۱۹۴۹ء

O

جوشش پر یوں بھی تجھے رحمتِ یزداں دیکھا
ہر گنہگار کو فردوس بداماں دیکھا

کیا کہوں بحرِ غمِ دل کے طلاطم کا سماں
ایک طوفان کا عالم بسرِ مژگاں دیکھا

نبضِ کونین بھی رُک جاتی ہے جس منزل پر
تیرے جلووں کو وہاں اے غمِ جاناں دیکھا

تیرگیٔ شبِ ہجراں کے مقابل اے دوست
بزمِ محرومیٔ قسمت میں چراغاں دیکھا

وہ مسرت ہو کہ غم، لطفِ خلش ہے مقصود
دل کو ہر حال میں شائستہ حرماں دیکھا

آج کیا گزرے زمانے پہ خدا خیر کرے
گردشِ وقت کو بھی آج پریشاں دیکھا

مجھ کو تسکین کی امید تھی جن سے بیکل
رنگِ غم ان کے بھی چہرے سے نمایاں دیکھا

سنہ ۱۹۴۹ء

○

عشق اگر مبہم ہو جائے — حسن کا چرچا کم ہو جائے
دیوانے کی آنکھ لگی ہے — شمع ذرا مدھم ہو جائے
کون ستاروں کو دیکھے گا — دوج اگر پونم ہو جائے
مجھ کو دیکھ کے ہنسنے والے — یہ جو ترا عالم ہو جائے
اور بھی شوقِ حسن بڑھا دے — درد جو میرا کم ہو جائے
ہو نہ سکے گا جشنِ بہاراں — شعلہ اگر شبنم ہو جائے
ہو گا وہیں احساسِ تبسّم — آنکھ جہاں پر نم ہو جائے
میرا مقدر توڑنے والے — زلف تری برہم ہو جائے

جس کارن جیون ہے بیکلؔ
ہائے وہ درد نہ کم ہو جائے

۱۹۴۹ء

○

سہانی راتوں کی دلکشی کو فریب کار سحر نے لوٹا
مری امیدوں کی زندگی کو خموشیٔ رہگذر نے لوٹا

عبث یہ تہمت ہے راہزن پر غلط یہ شکوہ ہے فاصلے کا
کہ رہروؤں کو قریبِ منزل، قرینۂ راہبر نے لوٹا

یہ بات ممکن بھی ہو سکے گی کہ رہنما کارواں کو لوٹے
مجھے تو ہر ہر قدم پہ رُک کر رفاقت ہمسفر نے لوٹا

متاعِ الفت کو رازِ ہستی بنا کے دل میں چھپایا جسکو
اُداس راہوں پہ چلتے چلتے اک اجنبی کی نظر نے لوٹا

مرا نشیمن قفس میں لاکر جلادے کوئی تو غم نہیں ہے
مگر یہ غم ہے چمن میں رہ کر نوازشِ بال و پر نے لوٹا

تباہیاں مسکرا رہی ہیں اداسیاں گنگنا رہی ہیں
کہ عصرِ حاضر کے ذہن و دل کو کشاکشِ خیر و شر نے لوٹا

درازِ عمرِ جہانِ غم ہو الم کی کوئی گھڑی نہ کم ہو
میں مطمئن ہوں کہ مجھ کو پہلے سکونِ سوزِ جگر نے لوٹا

خودی کی دنیا مچل رہی تھی سکوں میں کروٹ بدل رہی تھی
بھلا کرے منتظر کا بیکلؔ تصورِ منتظر نے لوٹا

اکتوبر ۱۹۴۹ء

فصلِ گل کب لٹی، نہیں معلوم
کب بہار آئی تھی، نہیں معلوم

ہم بھٹکتے رہے اندھیرے میں
روشنی کب ہوئی، نہیں معلوم

کب وہ گزرے قریب سے دل کے
نیند کب آگئی۔ نہیں معلوم

درد جب جب اٹھا، ہوا محسوس
چوٹ کب کب لگی۔ نہیں معلوم

بے بسی جس کی زیست ہو، اسکو
زیست کی بے بسی۔ نہیں معلوم

ناز سجدوں پہ ہے ہمیں لیکن
نازشِ بندگی۔ نہیں معلوم

اپنی حالت پہ تیرے وحشی کو
کیوں ہنسی آگئی۔ نہیں معلوم

ہوش آیا تو میکدہ نہ رہا
ہائے کس وقت پی۔ نہیں معلوم

میری جانب وہ دیکھ کر بولے
ہے کوئی اجنبی، نہیں معلوم

دورِ حاضر کی بزم میں بیکلؔ
کون ہے آدمی، نہیں معلوم

۱۹۵۴ء

○

محفل میں تجلی چھا جائے ہر ایک نظر پروانہ بنے
جلوؤں میں نظر گم ہو جائے یوں شمع ترا افسانہ بنے

اے فصلِ بہاراں اب کے ذرا کچھ ایسے سلیقے سے آنا
ہر غنچہ صراحی بن جائے جو پھول کھلے پیمانہ بنے

جب اُن کو بنایا تھا اپنا تو اور ہی حالت تھی دل کی
اب اور ہی عالم ہے دل کا جس وقت سے وہ بیگانہ بنے

کچھ لطف جنوں حاصل نہ ہوا کچھ غم میں سکوں شامل نہ ہوا
اے دوست بہاروں میں اکثر دانستہ بھی ہم دیوانہ بنے

اے کالی گھٹاؤ تم کو قسم مجبور کی تشنہ کامی کی
کچھ اب کے ذرا ایسا برسو ہر گام پہ اک میخانہ بنے

تنہائی شریکِ غم ہو جہاں بیکلؔ وہ اپنا عالم ہے
ہم عمر بسر کر لیں گے وہاں صحرا بھی اگر کاشانہ بنے

۱۹۶۰ء

○

دیکھیں گے کبھی ہم زعم ترا تو نے کیا ہم کو جانا ہے
اے گردشِ دوراں ٹھہر ذرا ہاتھوں میں ابھی پیمانا ہے

پی کر جسے ہستی جھوم اٹھے سن کر جسے اشک چھلک اٹھے
بادہ وہی بادہ ہے اے دل افسانہ وہی افسانا ہے

تفریق سے پاک ہے ذہن یہاں اک دل ہیں یہاں ہر پیر و جواں
یہ دیر و حرم کی بزم نہیں واعظ یہ مرا میخانا ہے

احساس تو ہے انکو بھی مگر کچھ اور ہی ہے اندازِ نظر
کچھ ذکرِ جمالِ شمع بھی ہے کچھ فکرِ غم پروانا ہے

اس سود و زیاں کی بستی میں اس وہم و گماں کی دنیا میں
فرزانوں سے پوچھو کیا گزری دیوانہ تو پھر دیوانا ہے

ہم اہلِ یقیں کا مسلک تو ان سے ہے جدا جو کہتے ہیں
عرفان ہے اک زعمِ باطل پیمانِ ازل افسانا ہے

اس کارگہِ کیف و کم میں اس شوق و طلب کے عالم میں
فرزانہ جو ہے دیوانہ ہے دیوانہ جو ہے فرزانا ہے

غیروں کی شکایت کیوں کیجئے اربابِ جفا کا شکوہ کیا
یہ منزلِ عشق ہے اے بیکلؔ اپنا بھی یہاں بیگانا ہے

۱۹۵۰ء

○

نہ خرد ہی رہنما ہے نہ جنوں ہی راہبر ہے
یہی خلوصِ غم کے صدقے یہی میرا ہم سفر ہے

جسے کہہ رہی ہے دنیا، ہے گلوں پہ اشک شبنم
ہے پسینہ برگِ گُل کا یہ خیال دیدہ ور ہے

میں رہائی کیا کروں گا مرا آشیاں جلا دو
کہ بہار کی تمنا بھی فریب بال و پر ہے

نہ کشاکشِ تمنا نہ وہ جادۂ محبت
نہ وہ چشم فتنہ زا ہے نہ فسونِ عشوہ گر ہے

۱۹۵۳ء

ٹکرا گئی ہے برق خود اپنے شرر کے ساتھ
تنکے سمٹ گئے ہیں مرے بال و پر کے ساتھ

گلشن میں آج صبح قیامت ہے جلوہ بار
یہ کون آگیا ہے نسیمِ سحر کے ساتھ

اس احتیاطِ دید نے اسکو بھی کھو دیا
وہ اک سکوں سا تھا جو فریبِ نظر کے ساتھ

تکلیفِ سجدۂ درِ دیگر نہ دے اُسے
منسوب ہو چکا جو ترے سنگِ در کے ساتھ

بزمِ تجلیات میں کوئی کمی نہیں
دل ہی فریب کھاتا رہا ہے نظر کے ساتھ

بیکلؔ کمالِ رتبۂ پرواز دیکھئے
کچھ دور جا سکا نہ فرشتہ بشر کے ساتھ

١٩٥٠ء

○

لَو شمع کی تھرّائی، پروانے مچل اٹھّے
اس جنبشِ جلوہ سے دیوانے مچل اٹھّے
رعنائیٔ وحشت پر ویرانے مچل اٹھّے
دیوانے تو دیوانے فرزانے مچل اٹھّے
ساقی کی نگاہوں کی تاثیر معاذ اللہ
دور آنے سے پہلے ہی پیمانے مچل اٹھّے
اُس جانِ تمنّا کی پرسش بھی قیامت تھی
ہونٹوں پہ محبت کے افسانے مچل اٹھّے
ہر شعلۂ رنگیں گو عنوانِ تباہی تھا
انجام سے ناواقف پروانے مچل اٹھّے
بیکلؔ رہ الفت میں غیروں کی شکایت کیا
اپنوں نے کیا وہ کچھ، بیگانے مچل اٹھّے

۱۹۵۳ء

آ گئے تنگ شورشِ دل سے
کچھ توقع ہے دستِ قاتل سے

جتنی منزل قریب آئی ہے
دور ہوتے گئے ہیں منزل سے

بیخودیٔ جنونِ شوق نہ پوچھ
قیس لپٹا ہے گردِ محمل سے

ہائے وہ بد نصیب جن کے لئے
اشک ٹپکے ہیں چشمِ ساحل سے

کچھ جو سمجھی تو سعیٔ ضبط ألم
دل بہلتا ہے کتنی مشکل سے

اب وہ ہنگامۂ نشاط نہیں
اٹھ گیا کون تیری محفل سے

روئے تاباں کی یاد میں بیکلؔ
بات ہوتی ہے ماہ کامل سے

۱۹۵۱ء

دامن کا ہوش اور جگر کی خبر نہیں
کم یہ بھی فیضِ موسمِ دیوانہ گر نہیں
فصلِ جنوں وہی ہے وہی کاوشِ جنوں
پہلی سی ہاں وہ رونقِ دیوار و در نہیں
انجامِ عشق کی جو خبر ہو تو کچھ کہوں
آغاز ہی میں جبکہ بیاباں ہے گھر نہیں
تصویر صرف ایک ہے نظروں کے سامنے
میں قید ہوں جہاں کوئی دیوار و در نہیں
آئینہ دیکھ کر نہ تبسم سے کھیلئے
آئینہ ہے حضور یہ آئینہ گر نہیں

اشکِ جمالِ حسن کو شبنم کہو مگر
ہر پھول کی جبیں تو پسینے سے تر نہیں

کیا پوچھتے ہیں چاک گریباں ہے کیوں مرا
کیا آپ کی نگاہ مرے حال پر نہیں

پیدا کیا جواب رُخِ لاجواب کا
کیا یہ کمالِ صنعتِ آئینہ گر نہیں

بیکلؔ ان آنسوؤں کی نہ قیمت نہ قدر ہے
قطرے ہیں اشک کے کوئی لعل و گہر نہیں

۱۹۵۴ء

ترے غم کی حقیقت کو بھی افسانہ سمجھ بیٹھے
ستم ہے بو لہوس اپنے کو بیگانہ سمجھ بیٹھے

محبت میں زمانے سے جُدا ہے راستہ اپنا
تعجب کیا جو اہلِ ہوش دیوانہ سمجھ بیٹھے

نگاہیں آشنائے جلوۂ نیرنگ ہیں اپنی
کہ ہر تصویر کو تصویر جانانہ سمجھ بیٹھے

ہراک گوشہ میں ہر انداز کی تصویر ہے ان کی
مرے دل کو وہ اپنا آئینہ خانہ سمجھ بیٹھے

بیاباں تنگ تھا دارفتگانِ شوق کو لیکن
خوشا وحشت کے گلشن کو بھی ویرانہ سمجھ بیٹھے

جنوں نے جن کے بڑھ کے آبرو رکھ لی گریباں کی
قیامت ہے انھیں بھی آپ دیوانہ سمجھ بیٹھے

کوئی دیکھے تو سرمستانِ فطرت کی سیہ مستی
ہجومِ سرخوشی میں گُل کو پیمانہ سمجھ بیٹھے

تصور کی یہ بزم آرائیوں کا فیض ہے بیکل
کہ ہم خلوت کدہ کو بزمِ جانانہ سمجھ بیٹھے

۱۹۵۴ء

کچھ تو ہی بتا اب کیا ہوگا اے ذوقِ سفر دل بیٹھے ہیں
گھبرا کے فریبِ رہبر سے واماندۂ منزل بیٹھے ہیں

یہ حسن تصور ہے میرا یا ان کی فسوں کاری کا اثر
محسوس ہوا یوں بھی اکثر جیسے وہ مقابل بیٹھے ہیں

اے شورشِ طوفاں ناز نہ کر ہم وہ پروردۂ طوفاں ہیں
ساحل کے قریں بھی رہ کر جو بیگانۂ ساحل بیٹھے ہیں

واقف ہیں مآلِ عشق سے ہم، آگاہ مآلِ دل ہیں مگر
آغاز کی لذت کیا کہیے انجام سے غافل بیٹھے ہیں

ہم جلوۂ حسن کے ماروں کا وہ عالمِ حیرت ہے بیکلؔ
محفل میں کسی کی رہ کر بھی بیگانۂ محفل بیٹھے ہیں

۱۹۵۴ء

جو تم نے دولت احساس دی ہے وہ بھی تم لے لو
یہی لے دیجئے کیف زندگی ہے وہ بھی تم لے لو

تمہارے حصہ میں جام و صراحی ساغر و مینا
مری قسمت میں ذوقِ تشنگی ہے وہ بھی تم لے لو

بہاروں پر پچھاور کر دیا ذوقِ نظر اپنا
نگاہوں میں جو اب بھی روشنی ہے وہ بھی تم لے لو

نشاطِ صبح کا رنگ شفق تو تھا تمہارا ہی
جو سُرخی شام غم کی بجھ گئی ہے وہ بھی تم لے لو

تمہاری محفل عشرت میں رقصاں چاند تارے ہیں
ہمارے گھر شب ہجراں بسی ہے وہ بھی تم لے لو

یہ مانا مطمئن آسودگی کے قہقہوں میں ہو
مرے ہونٹوں پہ جو بے بس ہنسی ہے وہ بھی تم لے لو

گریباں چاک بکھرے بال آنسو خشک لب سوکھے
تمہارے غم نے جو جاگیر دی ہے وہ بھی تم لے لو

مرے گیتوں کا ہے بیکلؔ ترنم تم سے وابستہ
جو مرے آنسوؤں میں راگنی ہے وہ بھی تم لے لو

۱۹۵۴ء

سُنا ہے عشق کا جذبہ بھی لاشعوری ہے
تو پھر یہ مل کے بچھڑنا ہی کیوں ضروری ہے

دل و نگاہ میں کب سے بسا ہوا ہے کوئی
وہ بات کیا ہے بتاؤ جو اتنی دوری ہے

چلا تو ہوں تری یادوں کی روشنی لے کر
سفر طویل مگر زندگی ادھوری ہے

سنبھل سنبھل کے اٹھانا قدم کسی کے لئے
بڑی کٹھن ہے ڈگر، دور یہ عبوری ہے

میں تری بزم میں رہ کر بھی تجھ کو پا نہ سکا
زمانہ کہتا ہے ہر آس میری پوری ہے

یہ مانا خاک کا پُتلا ہے آدمی بیکلؔ
مگر یہی کہیں ناری کہیں پہ نوری ہے

○

دل کے تقاضے سرگم سرگم
دیدۂ حسرت پُرنم پُرنم
ظلم اور احساں پیہم پیہم
اشک و تبسّم باہم باہم
دھوپ سا چہرہ مخمل مخمل
چھاؤں سی زلفیں ریشم ریشم
عارض دہکی دہکی
نکہت گیسو مدھم مدھم
نورِ تبسّم اوشا اوشا
تابش دنداں پونم پونم
شام سی چلمن نرمل نرمل
چاند سا مکھڑا چم چم چم چم

زلف کسی کی بکھری بکھری
نظمِ دو عالم برہم برہم
مری نگاہیں مرکز مرکز
ان کے جلوے عالم عالم
ضبط کے سایے نشتر نشتر
یاد کے شعلے مرہم مرہم
عمرِ تجسس دریا دریا
مقصدِ ہستی سنگم سنگم
فرض سیاست لشکر لشکر
عزم محبت پرچم پرچم
ہجر کی راتیں بیکل بیکل
وصل کی باتیں مبہم مبہم

۱۹۶۰ء

○

سب پہ دیوانے کی نظر بھی نہیں
سب سے دیوانہ بے خبر بھی نہیں

جینے والے تو جنتی سمجھے ہیں
زندگی اتنی معتبر بھی نہیں

منتظر کا عجیب عالم ہے
اب اسے فکر منتظر بھی نہیں

مطمئن ہو گئے بہار میں یوں
جیسے احساس بال و پر بھی نہیں

داستانِ غمِ حیات نہ پوچھ
مختصر بھی ہے مختصر بھی نہیں

میری دیوانگی وہاں پہونچی
جس جگہ کوئی ہمسفر بھی نہیں

جسم اک گھر ہے روح کا بیکلؔ
دیکھئے اس کا جیسے گھر بھی نہیں

مارچ ۱۹۶۲ء

رہِ طلب میں جہاں کوئی غم سے ہارا ہے
تیرے خیال نے آکر وہیں پکارا ہے

ہمارے دم سے ہے قائم جمالِ نظمِ جہاں
ہمیں نے گیسوئے فطرت کو بھی سنوارا ہے

ڈھلک پڑے تو ہے پانی مژہ پہ ہو تو گہر
جو اشک آنکھ میں تھم جائے وہ ستارا ہے

یہاں پہ دعوئے تمکین و ہوش ہے باطل
نگاہِ پیرِ خرابات کا اشارہ ہے

نہ صرف چشمِ عنایت پہ جان دیتا ہوں
ملے جو تجھ سے وہ غم بھی مجھے گوارا ہے

کسی کی چشمِ تغافل پہ جان دیتا ہوں
یہ غم کے ماروں کے جینے کا اک سہارا ہے

۱۹۶۲ء

○

دل کو سکوں نہ آئے دعا میں اثر نہ ہو
وہ درد دے کہ جس کی دوا عمر بھر نہ ہو

طے کر رہا ہوں راہ صنم خانہ سر کے بل
یہ سوچتا ہوں یہ بھی تری رہگذر نہ ہو

شعلوں کی ہر لپیٹ رگ جاں سے گزر گئی
اے برق دیکھنا وہ کہیں میرا گھر نہ ہو

وہ جلوہ بے حجاب سہی، اس کو کیا کروں
جی ڈر رہا ہے یہ بھی فریب نظر نہ ہو

اب ہو چلے ہیں کچھ جگر و دل ستم پسند
اب سعئ التفات برنگ دگر نہ ہو

اک جان آرزو ہے نگاہوں کے سامنے
یہ عرصۂ حیات کہیں مختصر نہ ہو تو

بیکلؔ نگاہ عشق میں وہ شب ہے معتبر
دامن پہ جس کے داغِ طلوع سحر نہ ہو

۱۹۶۵ء

پُروائیاں (انتخاب کلام) 78 بیکل اتساہی

○

یہ سوز و سازِ جنوں، لطفِ بیکساں کیلئے
یہ نغمہ ہائے سکوں بزمِ مہ وشاں کیلئے

ہمیں قرار اسی میں ہے ہم کو مت چھیڑو
ہماری زیست بنی سعیٔ رائیگاں کیلئے

تمہارے دامنِ رنگیں پہ دیکھ کر آنسو
مچل پڑے ہیں ستارے بھی کہکشاں کیلئے

نقوشِ ضبط کا عالم سراب تھا شاید
ابھر گئیں ہیں لکیریں مزاج داں کیلئے

یہ فیضِ بادۂ ظرف آشنا کا ہے بیکل
کہ ہم نے نشہ میں بوسے لئے جاں کیلئے

۱۹۶۴ء

گلوں کا خون ابھی غیرتِ بہار بھی ہے
لہو کو رنگ کہو تم کو اختیار بھی ہے

وہ جس نے لوٹ لیا راستے میں زادِ سفر
پہنچ کے آج وہ منزل پہ غمگسار بھی ہے

جنوں کے سر کوئی الزام پھر، خرد والو
جو ہنس رہا تھا وہی حسن سوگوار بھی ہے

تمام عمر جو پھولوں سا مسکراتا تھا
الٰہی خیر وہ شبنم سا اشکبار بھی ہے

کچھ آج ایسی پلائی کسی کی آنکھوں نے
کہ رند عالمِ مستی میں ہوشیار بھی ہے

عجیب جذبۂ احساس ہے تصوّر کا
وہ پاس بیٹھے ہیں اور اُنکا انتظار بھی ہے

وہ میرے ذکر پہ منہ پھیر پھیر لیتے ہیں
سنا یہی ہے کہ اس بے رخی میں پیار بھی ہے

ہر ایک حادثۂ شوق سے گزر آیا
کہو جنوں سے ابھی راستے میں دار بھی ہے

ترے کرم کے سہاروں پہ لٹ گئے لیکن
ترے کرم کے سہاروں پہ اعتبار بھی ہے

بڑھے چلو ابھی مُڑ مُڑ کے دیکھنے والو
وہ کارواں جو چلا تھا پس غبار بھی ہے

خلوص دل ہے تو بیکلؔ حسین ہے کردار
اگر یہ حسن نہیں ہے تو پھول خار بھی ہے

۱۹۶۵ء

○

نہ بیان کیف و مستی، نہ حدیث دلبراں ہے
غم آگہی سے شاید ابھی عشق سرگراں ہے

یہ عجیب ہے زمانہ کہ چمن سے میکدے تک
نہ کہیں سکونِ دل ہے نہ کہیں نشاطِ جاں ہے

نہ حرم کی آرزو ہے نہ غرض ہے بتکدے سے
مری جستجو کا حاصل ترا سنگِ آستاں ہے

ترے لطف کی حکایت، ترے جور کا فسانہ
وہ نصیب دشمناں ہے یہ نصیب دوستاں ہے

مری بیدلی سلامت کہ یہ حال ہے قفس میں
نہ خیال بال و پر ہے، نہ ملال آشیاں ہے

مرے ذوقِ جستجو کو کوئی کیا سمجھ سکے گا
کہ ہنوز کہکشاں بھی مری گردِ کارواں ہے

کبھی غم میں ہنس دیئے ہیں کبھی رو دیئے خوشی میں
یہی زندگی ہے بیکلؔ یہی اپنی داستاں ہے

○

وہ کوئی جام تھا یا جام ثنا، یاد نہیں
میرے ساقی تیری آنکھوں کے سوا، یاد نہیں

ہائے اُن مست نگاہوں کا تصادم، توبہ
گردش وقت کا کیا حال ہوا، یاد نہیں

مَیں نے طوفان میں موجوں کی بنا لی کشتی
ناخدا ڈھونڈھے وہی جس کو خدا، یاد نہیں

کہہ گئی آج یہ خاموشیٔ موجِ طوفاں
ڈوبنے والا کہاں ڈوب گیا، یاد نہیں

کچھ اجالا سا گلستاں میں ہوا ، دیکھا تھا
کب دھواں میرے نشیمن سے اٹھا ، یاد نہیں

وہ بھی دن تھا کہ مری تشنہ لبی پر یارو
جھوم کے برسی تھی ساون کی گھٹا ، یاد نہیں

شدتِ درد سے بیمار کا دل ڈوب گیا
آج کیا ہے کہ مسیحا کو دوا یاد نہیں

آپ جو چاہیں مناسب وہ سزا دیں مجھ کو
ایک بیکلؔ کو کوئی اپنی خطا ، یاد نہیں

۱۹۶۵ء

تری یاد کی داستاں چھوڑ آئے
جہاں بھی گئے اک جہاں چھوڑ آئے

ترے بے نشاں بے نشاں چھوڑ آئے
غبارِ پسِ کارواں چھوڑ آئے

جدھر سے بھی گزرے جہاں سے بھی گزرے
محبت کی اک داستاں چھوڑ آئے

انھیں سے یہ پوچھو کہ کیا اُن پہ بیتی
بہاروں میں جو گلستاں چھوڑ آئے

قفس میں بھی ذکرِ چمن کرنے والو
بہاروں کو آخر کہاں چھوڑ آئے

ہم اہلِ جنوں، جوشِ وحشت میں اکثر
کہاں کا مکاں، لامکاں چھوڑ آئے

تری محفلِ ناز سے اٹھنے والے
یقیں لے کے آئے گماں چھوڑ آئے

وہ بیکل ہمیں ہیں جو اپنے چمن میں
سلگتا ہوا آشیاں چھوڑ آئے

لاہور پاکستان
مئی ۱۹۶۱ء

○

مرے جنوں نے کرشمہ دکھا دیا کہ نہیں
تمہیں بھی چاک گریباں بنا دیا کہ نہیں
تمہارے جلوۂ رنگیں کی اک جھلک کیلئے
متاعِ ذوقِ تماشہ لٹا دیا کہ نہیں
گماں سے اور نکھرتا گیا جمالِ یقین
حجابِ حسنِ تمنّا اٹھا دیا کہ نہیں
تجھے خبر ہے، ترے جورِ بے اماں کی قسم
ستم نے حوصلۂ دل بڑھا دیا کہ نہیں
بہ فیضِ دیدۂ پرنم، بنامِ سوزِ دروں
کلی کلی کو گلستاں بنا دیا کہ نہیں
میں بن گیا ہوں تماشہ یہ غم نہیں مجھ کو
یہ دیکھنا ہے کوئی مسکرا دیا کہ نہیں
تمہیں تو ناز تھا ہوش و خرد پہ اے بیکلؔ
نگاہِ ناز نے بیکل بنا دیا کہ نہیں

۱۹۶۵ء

سرورِ تشنگی میں جب بھی میخانے چلے آئے
سمٹ کر میکشوں کے پاس پیمانے چلے آئے

کوئی اُس دشمنِ ہوش و خرد کو کچھ نہیں کہتا
مجھی کو حضرت ناصح بھی سمجھانے چلے آئے

بقدرِ جوشِ وحشت، وسعتِ صحرا نہ تھی شاید
چمن میں خاک اڑانے کیوں یہ دیوانے چلے آئے

یہ مانا دور کی نسبت ہے پھر بھی اک تعلق ہے
حرم والوں کی یاد آئی تو بت خانے چلے آئے

نیاز و ناز کا یہ ربط باہم اے معاذ اللہ
حضورِ شمع خود لہرا کے پروانے چلے آئے

گماں کے تذکرے بزمِ یقیں تک آ گئے آخر
حقیقت کے لبوں تک یوں بھی افسانے چلے آئے

کچھ اس انداز سے فصلِ بہاراں اب کے آئی ہے
کہ گلشن میں تماشہ بن کے ویرانے چلے آئے

خلوصِ جستجو ہے شرط۔ منزل مل ہی جائے گی
چمن ہوتے ہوئے دیوانے ویرانے چلے آئے

نہ سمجھے ہیں نہ سمجھیں گے کبھی یہ واعظِ ناداں
وہ فرسودہ افسانے کو دہرانے چلے آئے

تمنائے سکوں میں اب یہ اپنا حال ہے بیکلؔ
حرم میں دل جو گھبرایا تو میخانے چلے آئے

○

سازِ غم چھیڑ کر مطمئن ہو گئے
جب سے پھیری نظر مطمئن ہو گئے

دیر د کعبہ میں تسکین سجدہ کہاں
پا کے ہم ان کا در مطمئن ہو گئے

میرے لٹنے پہ اک راہبر ہی نہیں
جتنے تھے ہمسفر مطمئن ہو گئے

میں بھی کچھ سوچ کر چپ تھا اس بزم میں
وہ بھی کچھ سوچ کر مطمئن ہو گئے

صورتِ غم وہی ، حالتِ دل وہی
کیوں مرے چارہ گر مطمئن ہو گئے

آپ جو ردِ تغافل پہ نازاں تو ہیں
اور ہم بھی اگر مطمئن ہو گئے

ان کو بیکلؔ نہ منزل کبھی مل سکی
وہ جو اہلِ سفر مطمئن ہو گئے

جھلک نظاروں کی چلمن میں چھوڑ آئے ہیں
نگاہ شوق کو انجمن میں چھوڑ آئے ہیں

ترے خیال کے سایے میں ہے جنوں محفوظ
خرد کو محفلِ دشمن میں چھوڑ آئے ہیں

فروغِ لالہ و گل کا مدار تھا جس پر
وہ روشنی بھی نشیمن میں چھوڑ آئے ہیں

اودھ کی شام، بنارس کی صبح کا عالم
کسی حسین کے آنگن میں چھوڑ آئے ہیں

نشاطِ منزل تسکیں انھیں مبارک ہو
ہمیں جو حلقۂ رہزن میں چھوڑ آئے ہیں

جو تیرے حسنِ تبسم پہ اشک بھر لائے
سلگتی آگ وہ ساون میں چھوڑ آئے ہیں

تمہاری بزم سے اٹھ کر تمہارے دیوانے
کبھی کبھی تمہیں انجمن میں چھوڑ آئے ہیں

وہ چند اشک جو تھے رازداں غم دل کے
انھیں تمہارے ہی دامن میں چھوڑ آئے ہیں

جہاں میں پیکرِ خاکی کو کل کہاں بیکلؔ
سکون ملتے ہی مدفن میں چھوڑ آئے ہیں

۱۹۶۴ء

○

جو تیری بزم سے اٹھے وہ باشعور چلے
نظر نظر میں لئے جلوہ گاہِ طور چلے

نصیب ہو نہ سکی ان کو عشرتِ منزل
جو بد نصیب ترے نقشِ پا سے دور چلے

جنھیں تھا دعوئ تمکیں وہ ہوش کھو بیٹھے
نگاہِ مست کے وہ دور رنگ و نور چلے

وہ بزم ناز کی رنگینیاں کہ دیدہ وراں
نظر میں خُلد، نفس میں لئے سرور چلے

جنھیں تھا رابطۂ خاص چشم ساقی سے
بغیر بادہ بھی وہ میکدے سے چور چلے

بقدرِ ظرفِ طلب ہے عطائے جلوۂ دوست
جسے ہو تاب نظر حسن کے حضور چلے

بلائیں لیتی چلے ساتھ ساتھ موجِ صبا
خرام ناز کا عالم کہ جیسے حُور چلے

ترس گئے نگہہِ لطف کے لئے بیکلؔ
شکستہ دل تری محفل سے ناصبور چلے

۱۹۶۶ء

رہینِ آس رہی ہے نہ محوِ یاس رہی
بچھڑ کے تجھ سے مری زیست بدحواس رہی

جو رند آیا تری بزم میں ہوا سیراب
وہ تشنہ کام رہا میں کہ جسکو پیاس رہی

تری نگاہِ کرم نے وہ گل کھلائے ہیں
چمن میں فصلِ بہاراں اُداس اُداس رہی

ہر اک لحظہ مری دھڑکنوں میں چبھتی تھی
عجیب چیز مرے دل کے آس پاس رہی

مئے نشاط تری سادگی نے چھلکا دی
نگاہِ عشق کو کیا جانے کس کی پیاس رہی

○

چاندنی رات میں، بات ہی بات میں، مسکرائے تو پوری غزل ہوگئی
لیکے انگڑائیاں شاخِ گل کی طرح، لوچ کھائے تو پوری غزل ہوگئی

دہکے دہکے سے لب، لہکے لہکے کنول، مہکا مہکا بدن فصل گل کا بدل
بہکے بہکے نین راز قسمت کے حل، رنگ لائے تو پوری غزل ہوگئی

گردشِ وقت کے آنسوؤں کو پیئے، کتنے تشنہ لبوں کی کہانی لئے
فکرِ ساقی میں یوں میکدے کے دیئے، جگمگائے تو پوری غزل ہوگئی

تاج ہو جیسے جمنا میں اترا ہوا، ایک انگڑائی کا ادر دھوکا ہوا
گیت کا روح پر در یہ مکھڑا تمہی، گنگنائے تو پوری غزل ہوگئی

دھوپ سے رُخ پہ بادل سی زلفوں کے خم، اک قیامت لئے نور و ظلمت بہم
مطلعِ حُسن تاباں کی عنوکی قسم، تم جو آئے تو پوری غزل ہوگئی

کالی کالی گھٹا، بھیگی بھیگی فضا، مدھ لٹاتی ہوئی بھینی بھینی ہوا
ایسی رُت میں جو احساس بیکلؔ ترے لڑکھڑائے تو پوری غزل ہوگئی

===

○

ضبط کی چھاؤں میں تکمیل غم دل ہوگی
کیا خبر تھی کہ اسی راہ میں منزل ہوگی

شہر کا شہر ہوا قتل تو چرچا نہ ہوا
اب مرے قتل پہ کیا شہرتِ قاتل ہوگی

ایک دن قافلۂ زیست گزر جائے گا
یوں ہی رستے پہ پڑی حسرتِ منزل ہوگی

ہم جسے تیرہ شبی کہہ کے گزر جاتے ہیں
روشنی بن کے کہیں رونقِ محفل ہوگی

لالہ و گل کے فسانوں کے حسیں رنگ میں بھی
سرخی خونِ بہاراں کہیں شامل ہوگی

لوگ کہتے ہیں کہ طوفاں نے ڈبویا ہوگا
میں یہ کہتا ہوں کوئی سازش ساحل ہوگی

تہمتو آؤ کوئی پھر مرا ہمدرد ہوا
پھر وہی پھول کھلے رنگ حنا زرد ہوا

زخم جو سوکھ چکے تھے وہ ہرے پھر سے ہوئے
پھر پڑی اوس زمانے پہ، جہاں سرد ہوا

زعم تقدیر کہانی مری دہراتا ہے
پھر لگی چوٹ کلیجے میں وہی درد ہوا

چھیڑ کر کچھ نہ ملے گا کسی بے بس کو تجھے
کیا کریگا یہ تصور جو ترا گرد ہوا

لوگ کہتے ہیں محبت میں شفا ہے بیکلؔ
کس لئے پھول سا چہرہ یہ ترا زرد ہوا

ریڈنگ انگلینڈ
۱۳؍ اگست ۱۹۶۹ء

○

قرار دل سے گیا روشنی نظر سے گئی
یہ کس کی یاد خیالوں کی رہگذر سے گئی

فسونِ کیف میں گم ہو گئی فضائے چمن
نگاہ کس کی یہ ٹکرا کے چشمِ تر سے گئی

یہ کم ہے کیا کہ بھرم رہ گیا شبِ غم کا
گلہ نہیں کہ دعا لذتِ اثر سے گئی

نہ وہ جنونِ طلب ہے نہ ربطِ ناز و نیاز
تڑپ جبیں سے کشش انکے سنگِ در سے گئی

قفس ہی خوب تھا، کیا مل گیا رہائی سے
یہی کہ حسرتِ پرواز بال و پر سے گئی

ہے نظم صبح بہاراں انھیں کے ہاتھوں میں
وہ جن کی تاب نظر جلوۂ سحر سے گئی

خوشی یہ ہے کہ سکوں مل گیا زمانے کو
یہ غم نہیں کہ بلا غم کی میرے سر سے گئی

فضائیں ڈوب گئیں نکہتوں میں اے بیکل
شمیم گیسوئے جاناں جدھر جدھر سے گئی

۱۹۶۵ء

○

نہ کمالِ ترکِ دنیا ، نہ جلالِ بادشاہی
مرے واسطے ہے کافی تری دی ہوئی تباہی

مجھے یاد آنے والے تجھے چاندنی مبارک
مرا ساتھ دے رہی ہے مرے بخت کی سیاہی

یہ چراغ اور دامن ، وہ جمال اور چلمن
یہ شعورِ معصیت ہے وہ غرورِ بے گناہی

نہ یہ میکدہ رہے گا نہ رہیں گے جام و مینا
یہی گر ہے حال ساقی بطریقِ کم نگاہی

کئی حادثے سمٹ کر مری زندگی میں آئے
تری آرزو نے لیکن مری کی ہے جاں پناہی

میں جہانِ آرزو میں جہاں کھو گیا، وہیں پر
مرے ہر نفس نے دی ہے ترے عشق کی گواہی

نہ فریبِ راہبر سے نہ سلوکِ راہزن سے
جہاں مطمئن ہوا ہے وہیں لُٹ گیا ہے راہی

جسے ذوقِ انکساری، نہ سنوار پائے بیکلؔ
اسے کیا بنا سکے گا یہ غرورِ کج کلاہی

۱۹۶۵ء

○

تمنّا بن گئی ہے مایۂ الزام کیا ہوگا
مگر دل ہے ابھی تک تشنۂ پیغام کیا ہوگا

وہ بے تابِ تماشہ ہی سہی اے تابِ نظارہ
لرز اٹھتا ہے دل یہ سوچ کر انجام کیا ہوگا

یہاں جو کچھ بھی ہے وہ پرتوِ احساس ہے ساقی
بجز بادہ جواب گردشِ ایّام کیا ہوگا

کبھی جس کے یقیں سے کائنات عشق روشن تھی
وہی اب ہے اسیر حلقۂ اوہام کیا ہوگا

جنونِ شوق کا عالم ہمہ مستی سہی، لیکن
یہ عالم بھی جواب شوخیٔ پیغام کیا ہوگا

چلے تو ہو مزاجِ یار کی پرسش کو اے بیکلؔ
مگر یہ سوچ لو اندازِ استفہام کیا ہوگا

۱۹۶۳ء

○

اشکِ شبنم پہ گل کے لبوں پر ہنسی، غم ضروری ہے جیسے خوشی کے لئے
پھر سحر رات کے بعد ہوتی ہے کیوں، حادثہ چاہیئے زندگی کے لئے

دور کرنے کو میں ظلمتِ گلستاں، نذرِ آتش تو کر ہی چکا آشیاں
اب بھی باقی ہے گر تیرگیٔ چمن، بال و پر پھونک دوں روشنی کے لئے

یوں تو راہِ ترقی بھی ہموار ہے، عقل و دانش کا احساس بیدار ہے
پھر بھی دنیا میں تخریب کا کیا گلہ، آدمی کم نہیں آدمی کے لئے

ہر قدم اک نئی منزلِ جستجو، ہر نظر اک نئی جنتِ رنگ و بو
ہر نفس اک نئی صورتِ آرزو، مرحلے کس قدر اجنبی کے لئے

انجم و کہکشاں کی کسے تھی خبر، پھیکی پھیکی تھی تنویر شمس و قمر
شمع سے پہلے ہم انجمن میں تری، دل جلاتے رہے روشنی کے لئے

میں بہک ہی چلا تھا خدا کی قسم، میرے ہر سمت تھا حسنِ دیر و حرم
وہ تو کہیئے کہ اک شمعِ میخانہ سے، راستہ مل گیا راستی کے لئے

رنگ و بو، انجم و گل، بہارِ چمن، شمعِ محفل شب ماہ کا بانکپن
ایک بیکلؔ کی سب زندگی کی پھبن، وقف ہے اک تمہاری خوشی کے لئے

۱۹۶۶ء

○

آج پھر ایسے سلیقے سے گھٹا چھائی کہ بس
پھر منائے ہے مجھے توبہ کی انگڑائی کہ بس

میں تھا مستقبل کے احساسات کے جلووں میں گم
ذہن کو چونکا گئی ماضی کی پروائی کہ بس

یوں تو پھولوں کی سنہری زندگی پر ناز تھا
اک کلی اس حادثے پر ایسی مُسکائی کہ بس

یہ گل و لالہ رو پہلی شام، دریا کا بہاؤ
ایسے میں بھولی ہوئی اک شکل یاد آئی کہ بس

بے بسی کفنا رہی ہے پھر تمناؤں کی لاش
پھر کوئی بیدرد لہکائے ہے شہنائی کہ بس

آج کیوں جانے کسی کی بزم میں دیوانے کو
گردشِ ایّام پر اتنی ہنسی آئی کہ بس

قاہرہ (مصر) اگست ۱۹۶۹ء

○

رات پھر ناصح بلانوشوں کو سمجھانے گئے
میکدے سے نکلے تو مشکل سے پہچانے گئے

راہ میں بھٹکی جو فصلِ گل تو پہونچانے گئے
اس بہانے سے چمن کی حد میں ویرانے گئے

کیا کیا ساقی نے رندوں سے چھٹی منہ کی لگی
ہاتھ سے زاہد کے بھی تسبیح کے دانے گئے

لٹ لٹا کر رہروانِ منزلِ دیر و حرم
کیا کہا جائے کہ کس عالم میں میخانے گئے

سازشِ تیرہ شبی ہے یا کہ جلوؤں کا فریب
شمع تک پہنچے تو اپنی جاں سے پروانے گئے

پھر ہر اک چلمن اٹھے ہر پہلو روشن ہوں چراغ
اُن اندھیروں سے نہ جانے کب کے دیوانے گئے

روز جو شبنم چھڑکتے تھے نشیمن پر مرے
دیکھنا یارو کدھر وہ آگ برسانے گئے

اب تو ہر منزل پہ اپنوں ہی کا ہے لطف و کرم
گردشِ دوراں بتا کس سمت بیگانے گئے

ڈھونڈھتی ہی رہ گئیں عنوان خود رسوائیاں
اُن اچھوتے ہونٹوں تک بیکلؔ کے افسانے گئے

○

گیت کو روپ ترنم کو جوانی کہیے
لب و رخسار کو الفاظ و معانی کہیے

چشمِ مے بار میں "رسلین" کے دوہے کا سرور
ایسے عارض کہ کسی "سنت" کی بانی کہیے

خامشی کرشن کی بنسی کے الاپوں کا سکوت
گفتگو ایسی کہ جمنا کی روانی کہیے

ہر ادا حسنِ مجسم ہے کہ حافظ کی غزل
وہ سراپا ہے کہ تخیّلِ قاآنی کہیے

چہرۂ گل کو شفق چوم کے مانگے ہے لہو
کیوں اِسے جشنِ بہاراں کی نشانی کہیئے

آپ اس طرح نہ چہرے پہ بکھیریں گیسو
دن ڈھلا، شام ہوئی، کوئی کہانی کہیئے

قید یہ ہے کہ سرِ بزم رہیں ہونٹ سِلے
حکم یہ ہے کہ ہر اک بات زبانی کہیئے

قاضیٔ شہر کے فتوے میں یہی ہے تاکید
"آج سے بادۂ گلرنگ کو پانی کہیئے"

آج پھر شوکتِ معراجِ جنوں نکھری ہے
کیوں نہ بیکلؔ شبِ ہجراں کو سہانی کہیئے

شہر تا صحرا چٹانوں پر گُل افشانی ہوئی
پتھروں پر جب سے شیشوں کی نگہبانی ہوئی

اس طرح نظریں ملیں دنیا کو حیرانی ہوئی
چُوک کچھ ہم سے ہوئی کچھ اُن سے نادانی ہوئی

ہنس رہی ہے آج تک دنیا ہمارے حال پر
کہہ کے رازِ دل ہمیں کتنی پشیمانی ہوئی

آئینہ حیراں تھا کل ان کے سنور جانے کے بعد
آج ہر چہرے کو آئینے پہ حیرانی ہوئی

پھر بہاروں سے بغاوت کا زمانہ آگیا
پھر گلوں پر بارِ قیدِ چاک دامانی ہوئی

پھر ہوا کرنوں کا کاروبارِ مہر و ماہ میں
پھر چراغوں کو چراغوں سے پریشانی ہوئی

جام ٹوٹے، تشنہ کامی لُٹ گئی شمعیں بجھیں
آگ جب آنی لگی تب جا کے مے پانی ہوئی

مشکلیں عیش و طرب کی تھیں تو کورا ذہن تھا
زندگی کو غم نے انوا سا تو آسانی ہوئی

موت کہتے ہیں جسے سب اصطلاحِ عام میں
وہ بلائے زندگی ہے میری پہچانی ہوئی

جھلملا کر کہہ اٹھے شہرِ خموشاں کے چراغ
جتنی آبادی بڑھی اُتنی ہی ویرانی ہوئی

اے فصیحِ وقت اے اہلِ تلفظ ہوشیار
مہربانی عام ہو کر اب مہرَبانی ہوئی

○

شمعِ صد جلوہ نہیں رونقِ محفل تنہا
کتنی شمعوں کو جلائے ہے مرا دل تنہا

کارواں چھوٹ گیا رات کے سنّاٹے میں
رہ گئی ساتھ مرے حسرتِ منزل تنہا

عزم محکم ہو تو ہوتی ہیں بلائیں پسپا
کتنے طوفان پلٹ دیتا ہے ساحل تنہا

میری پلکوں نے شبِ غم وہ لُٹائے موتی
چرخ پر رہ نہ سکا اک مہِ کامل تنہا

حُسن ہنگامۂ بازار میں مصروف رہا
عشق چُپ چاپ سجائے رہا محفل تنہا

سب کے ہونٹوں پہ تبسّم تھا مرے قتل کے بعد
جانے کیا سوچ کے روتا رہا قاتل تنہا

ہجر کی رات بھی دشوار سہی اے بیکلؔ
اور پھر حسنِ تصور رہا مشکل تنہا

۱۹۵۹ء

یوں تو رہنے کو ہر اک آنکھ کے تارے رہیے
ہاں مگر آپ بہر حال ہمارے رہیے

فرق مٹ جائے گا مجبوری و مختاری کا
زندگی جیت کے ہر سانس پہ ہارے رہیے

کہکشاں اور ابھی جشنِ چراغاں کر لے
اپنی زلفوں کو ذرا دیر سنوارے رہیے

یوں ہی بس ملتی رہے وقت کے ماروں کو پناہ
یوں ہی بس باہیں حوادث کی پسارے رہیے

کب سے بیدار ہیں حالات زمانے کے مگر
دھڑکنیں سونے لگیں ان کو پکارے رہیے

مسئلے دیر و حرم کے ابھی سلجھا دیں گے
گردشِ وقت کو شیشے میں اتارے رہیے

جلوۂ صبح نظر بن کے تماشہ دیکھے
بس اسی طرح شفق رنگ نظارے رہیے

آپ اور یہ لبِ دریا پہ سلگتے نغمے
آگ لگ جائے نہ پانی میں کنارے رہیے

وقت پر آگ بھی گلزار ہوئی ہے بیکل
آپ یوں جذبۂ احساس ابھارے رہیے

بشکریہ آکاش وانی

زلفِ جاناں کی پریشان کہانی تو رہے
زندگی رات سہی رات سہانی تو رہے

خلد کو پھونک دوں دوزخ کو بجھا دوں لیکن
آگ اِک ہاتھ میں اِک ہاتھ میں پانی تو رہے

وقت وہ ہے کہ ہر اک حسن یہی چاہتا ہے
کچھ حقیقت نہ رہے میری کہانی تو رہے

دوستوں کی بھری دنیا میں سکوں کی خاطر
کم سے کم کوئی مرا دشمنِ جانی تو رہے

راکھ رہنے دو نشیمن کی ابھی گلشن میں
کچھ نہ کچھ جشنِ بہاراں کی نشانی تو رہے

۱۹۶۳ء

○

تم جو کہتے ہو اندھیروں کو سنوارا جائے
پھر بتاؤ کہ کہاں وقت گزارا جائے

اب تو بستی کا ہر اک شخص ہے عیسیٰ کی طرح
کیوں نہ رستہ کسی قاتل کا نہارا جائے

جس زمانے میں ملی راہ کو منزل سے نجات
آؤ اس دور کے لوگوں کو پکارا جائے

اب اندھیروں کو مرے گھر میں سکوں ملتا ہے
میرے آنگن میں نہ سورج کو اتارا جائے

اپنی کشتی کا محافظ تو بہر حال ہوں میں
کاہے طوفاں میں مرے ساتھ کنارا جائے

آج اک بھیڑ سرِ راہ ہے دیوانوں کی
دیکھئے مرکسکی طرف اس کا اشارہ جائے

جس نے پھولوں سے سنوارا ہے چٹانوں کا مزاج
ایسے دیوانے کو پتھر سے نہ مارا جائے

چلیے ہم جیسے فقیروں کے نگر میں رہیئے
وقت رہزن ہے اکیلے نہ سفر میں رہیئے

جلوۂ شام میں یا نورِ سحر میں رہیئے
رات اندھیری ہے نہ اجڑے ہوئے گھر میں رہیئے

ہم تو دھرتی کے اندھیروں میں بسر کر لیں گے
جائیے آپ کہیں شمس و قمر میں رہیئے

اب چٹانوں کی ہتھیلی پہ کنول کھلتے ہیں
اب تو شبنم بھی کہے ہے کہ شرر میں رہیے

سنگریزوں کے مقدر کو پرکھنے کے لئے
چند دن انجمن لعل و گہر میں رہیے

یوں تو ہر بات میں ہیں آپ فرشتوں کی طرح
آئینہ دیکھے ہے انداز بشر میں رہیے
آپ تو رہتے ہیں دنیا کی نگاہوں میں مگر
اک ذرا دیر خود اپنی ہی نظر میں رہیے
ڈوبنے والوں سے طوفاں کو بچایا ہے مگر
وقت کہتا ہے ابھی اور بھنور میں رہیے
عمر کچھ شدّت احساس کی بڑھ جائے گی
آیئے آپ مرے دیدۂ تر میں رہیے
منصفوں کا یہ زمانہ ہے کہاں جایئے گا
اب تو بیکلؔ کسی قاتل کے اثر میں رہیے

مارچ ۱۹۷۲ء

نظر کی فتح کبھی قلب کی شکست لگے
مری حیات پرائے کا بند و بست لگے

نہ وہ نقوش نہ حسنِ کشش کی بات رہی
صنم فروش بھی جیسے خدا پرست لگے

ابھی ملا تھا ابھی پھر بچھڑ گیا کوئی
یہ حادثہ بھی حکایات بود و ہست لگے

فرشتے دیکھ رہے ہیں زمین و چرخ کا ربط
یہ فاصلہ بھی تو انساں کی ایک جست لگے

وہاں سفینے کو پہونچا دیا ہے طوفاں نے
ہر ایک موج بلا اب جہاں سے پست لگے

ترے ہی غم نے کسی سمت دیکھنے نہ دیا
کہ اب ہجوم تمنا بھی تنگ دست لگے

جو تیری بزم سے بیکلؔ چلا تو ہوش میں تھا
عجیب بات ہے اب وہ بھی مست مست لگے

۱۹۷۳ء

غیروں کی آستیں کا نہ خنجر نچوڑیئے
بوے گا خون اپنوں کا نشتر نچوڑیئے

صحرا کی بھوک میں تو اگائے ہیں چاند تک
پیاسی ہے بوند بوند سمندر نچوڑیئے

کچھ تشنہ رہ نہ جائے ارادہ بہار کا
شعلوں میں اور تھوڑا گلِ تر نچوڑیئے

منصف کا فیصلہ بھی ہے قاتل کے ہاتھ میں
پھر قتل ہو کے عدل کا دفتر نچوڑیئے

یہ دورِ فکر و فن ہے تو شیشے کے قاب میں
بیباکیوں کے ہاتھ سے پتھر نچوڑیئے

شاید کبھی ہو اس میں امیروں کی آبرو
یوں ہی نہ ہر غریب کی چادر نچوڑیئے

بیکلؔ جو جی رہی ہو چراغوں کی چھاؤں میں
اُس تیرگی میں کیوں مہ و اختر نچوڑیئے

طنز کی تیغ مجھی پر سبھی کھینچے ہوں گے
آپ جب اور مرے اور نگیچے ہوں گے

آئینہ پوچھے گا جب رات کہاں تھے صاحب
اپنی باہوں میں وہ اپنے ہی کو بھینچے ہوں گے

جس طرف چاہیے گا آپ چلے جایئے گا
سامنے چاند کے ہم آنکھوں کو میچے ہوں گے

آج پھر گذریں گے قاتل کی گلی سے ہم لوگ
آج پھر بند مکانوں کے دریچے ہوں گے

جس کی ہر شاخ پہ رادھائیں مچلتی ہونگی
دیکھنا کرشن اسی پیڑ کے نیچے ہوں گے

اک مکاں اور بھی ہے شیش محل کے لوگو
جس میں دہلیز نہ آنگن نہ دریچے ہوں گے

تیرا دم ہے تو بہاروں کو سکوں ہے بیکلؔ
پھر ترے بعد کہاں باغ بغیچے ہوں گے

مجھے نہ دیکھو، تو میرا شعورِ فن دیکھو
جو ہو سکے تو کچھ اپنی حدِ ستم دیکھو
میں ایک شاعرِ فطرت تو ایک حسنِ خموش
تم اپنے عکس سے پہلے مرا قلم دیکھو

قطعات

○

ایک سی ہو گی کبھی دور کبھی پاس کی آگ
پھونک ڈالے نہ کہیں شدتِ احساس کی آگ
پیرہن شعلوں کا سب غنچہ و گل نے پہنا
لگ گئی سارے چمن زار میں مدھماس کی آگ

○

بہت اچھا کیا اپنوں نے رسوا کر دیا مجھ کو
وگرنہ دشمنوں کا یہ کبھی اک ارمان رہ جاتا
جو اپنے شہر والے گالیاں نہ مجھ کو دے لیتے
تو میرے حاسدوں کا مجھ پہ یہ احسان رہ جاتا

○

تھپیڑے کیوں پریشاں ہے بھنور میں
ہوا کے ساتھ اٹھ ساحل پہ آجا
بھٹکنے والے سے کہہ دے یہ کوئی
"کسی بھی راہ سے منزل پہ آجا"

○

ابھی ٹھہر جا پپیہے تو نغمہ بار نہ ہو
دل حزیں تو ابھی مائل بہار نہ ہو
ابھی کسی کے تصوّر میں دو جہاں گُم ہے
خدا کرے کہ فسانے کا اختصار نہ ہو

○

مشکلیں زیست کی آسان وہاں تک ہوں گی
سرحدیں عقل کی محدود جہاں تک ہوں گی
طائرِ ہوش کی اے جرأت پرواز سنبھل
بے پری کی یہ شکایات کہاں تک ہوں گی

○

کشتیاں غرق ہوئیں، شورشِ ساحل تو نہیں
کارواں لٹ بھی گیا، راحتِ منزل تو نہیں
ظرف پستی میں بلندی کا سمونا ہی سہی
بات کچھ بھی ہو مگر ظرف کا حاصل تو نہیں

○

سکونِ قلب کی منزل کو ڈھونڈنے والے
ابھی تو راہِ وفا سے گزر رہا ہے تو
سوادِ منزلِ تسلیم دور ہے بیکلؔ
نگاہِ ناز کے فتنوں سے ڈر رہا ہے تو

○

جب کبھی تو قریب ہوتا ہے
اک زمانہ رقیب ہوتا ہے
تجھ کو پا کر میں خود کو یاد رکھوں
وقت یہ کم نصیب ہوتا ہے

○

تو مل جاتا ہے ، مل جاتی ہیں ساری نعمتیں
تو نہیں ملتا ہے تو ہے انتظارِ زندگی
زندگی کیا ہے ، سنا ہے کیفیاتِ موت ہے
موت کو سمجھا تو پھر پایا خمارِ زندگی

○

بہار آئی ہے گلشن میں زندگی بن کر
کہ جیسے شہرِ خموشاں کی روشنی بن کر
فریب کھائے ہزاروں مگر تجھے اے دوست
مری نگاہوں نے دیکھا ہے خامشی بن کر

○

حسین چاند ستارے یہ رات کے گیسو
کسی فریب میں کھوئی ہوئی نظر تو نہیں
حیات نور ہیں یہ تازگی ارے توبہ
یہ سحر ہوگا کسی ذات کا، سحر تو نہیں

○

عزم کو میرے سر بزم پکارا تو نے
جذبۂ شوق مرا آج ابھارا تو نے
چشم بیباک ترے ضبط تکلم کی قسم
نیک بیکلؔ کو بڑے داؤں سے مارا تو نے

○

اے صبا گیسوئے شبگوں کو بکھر جانے دے
چاندنی اور گھٹاؤں میں نکھر جانے دے
جلوۂ ناز ابھی چھیڑ نہ آئینے کو
اور ابھی حسن کے عالم کو سنور جانے دے

○

پروانے یہ چلے، وہ جلے، خاک ہو گئے
دیوانے جیسے صاحب ادراک ہو گئے
الزام مری جرأت بیباک کو نہ دو
کچھ ان دنوں تمہیں ذرا بیباک ہو گئے

پروانہ آج شمع کے پہلو میں جل گیا
اک عشق تھا جو حسن کے سانچے میں ڈھل گیا
سوچا تھا آج اُن کو بتا دوں گا دل کی بات
وہ سامنے جب آئے تو جادو سا چل گیا

لذتِ فصلِ بہاراں کے ہوس میں کچھ لوگ
آشیاں پھونک دیے حسنِ چمن بھول گئے
عرش پر کاوشِ پرواز الٰہی توبہ
آدمی فرش پہ خود اپنا چلن بھول گئے

کہیں یہ کالی گھٹا اٹھ کے جام روک نہ لے
یہ دور آج کوئی تشنہ کام روک نہ لے
کسی خیال میں اس گردشِ زمانہ کو
گمان ہے کوئی نازک خرام روک نہ لے

جو بڑھ کے جام دیا، تھرتھرا اٹھا ساقی
جو پی کے رند چلے لڑکھڑا اٹھا ساقی
گھٹائیں جھوم کے برسیں کہ رات بھیگ چلی
سُرور اور بڑھا، مسکرا اٹھا ساقی

شعورِ ہوش و خرد ہی کی لاج رکھنی تھی
وگرنہ تشنہ لبی ہی سے کام لے لیتے
خبر نہ تھی کہ یہاں بھی حرام ہے پینا
الٰہی پیتے ہی ہم ترا نام لے لیتے

اٹھو کہ جام و سبو سے دھواں نکلتا ہے
بڑھو کہ آگ لگی ہے شراب خانے میں
ذرا اٹھو کہ کسی رِندِ مے فروش کے ہاتھ
لپک کے آگ یہ لگ جائے نہ زمانے میں

کیا کالی گھٹاؤں کا فسوں مان لیا ہے
کیا زلفِ سیہ فام نے ایمان لیا ہے
زاہد کو پہر رات گئے بزمِ طرب میں
اک رندِ بلانوش نے پہچان لیا ہے

تذکرہ زاہدِ دوراں نے کیا پینے کا
واقعہ جیسے سناتی ہو اجل جینے کا
یہ گماں ہے کہ زمانے میں کوئی اور نہیں
خوب دعویٰ ہے ترے ہاتھوں میں آئینے کا

اشعار

○

سوچ کے آنا گردشِ دوراں سامنے مجھ دیوانے کے
نام پہ اُن کے آنچ نہ آئے شرط یہ پہلے ٹھانی جائے
بال پریشاں، اترا چہرہ، آنکھیں ویراں، سوکھے ہونٹ
آج جنوں گزرا ہے اِدھر سے، لوگ کہیں سیلانی جائے
پریت میں بیکلؔ لاکھ جتن ہو دل کب اپنا ہوتا ہے
وہ بھی اپنے، دل بھی اپنا، بات یہ کیسے مانی جائے

○

غنچہ و گل سے شعلے پھوٹے، خاک اُڑی "گلدانوں" سے
فصلِ بہاراں پوچھ رہی ہے حالِ چمن ویرانوں سے
وہ کیا جانیں حسنِ چمن کا وہ کیا سمجھیں رازِ بہار
نکہتِ گل جو تول رہے ہیں کلیوں کی مسکانوں سے
کیا جانے کیا حال ہو یارو کل آسودہ لوگوں کا
آج زمانہ کھیل رہا ہے مفلس کے ارمانوں سے

دستِ مایوس میں آئینۂ آلام نہ دو
مجھ کو دیوانہ کہو اور کوئی نام نہ دو

رند نشے میں ہے نشے سے نکھرتا ہے ضمیر
ہوش آجائے گا للہ لبِ جام نہ دو

دل دیا، دل کو تڑپنے کی ادا بھی دیدی
پھر اُسے دردِ غمِ ہجر کا انعام نہ دو

جشنِ خاموشیٔ لب صبح کو ہو گا لیکن
دعوتِ نغمہ نظاروں کو سرِ شام نہ دو

موت جب خاص طریقہ سے گلے ملتی ہے
زیست کو یوں کوئی آماجگہِ عام نہ دو

اے ہوا میرے گلشن پہ جو گذری ہو کہو
کیا ہوا میرے نشیمن کا یہ پیغام نہ دو

اس طرح لطف و نوازش سے نہ مرجائے کہیں
ایک پروردۂ تکلیف کو آرام نہ دو

جو بھی چاہو وہ سزا دو یہ تمہاری مرضی
بے گناہی کا مگر اب مجھے الزام نہ دو

ایک بیکلؔ کو تو مغرور سمجھ کر کوسو
اپنے احساس کو یوں طعنۂ اوہام نہ دو

لندن
۸؍اگست ۱۹۶۹ء

سونے کی دھرتی پر پھیلی چاندی کی آبادی ہے
انگاروں کے تخت پہ جیسے پھولوں کی شہزادی ہے
لا کے قفس میں صحن چمن کی ہر تصویر سجا دی ہے
موسم گل میں اب کے برس یہ کتنی حسیں صیادی ہے
عیش و طرب میں لاکھ جھمیلے رنج و الم میں تنہا ہیں
ہم کو اطمینان بہت ہے لوگ کہیں بربادی ہے
تیرے نگر کے ہر کوچے میں پھیلی ہے انصاف کی بُو
کاغذی پوشاک پہن کر ہر قاتل فریادی ہے

نامکمل

اب شہر میں ہمارے بلائیں بکھیر دو
ہم مر چکیں تو اپنی دعائیں بکھیر دو

وہ دھوپ ہے کہ روپ یہ جمتی نہیں نظر
پانی برس چکا ہے گھٹائیں بکھیر دو

دم گھُٹ رہا ہے وقت کا کمرے میں کسی سانحہ
موسم کی کھڑکیوں سے ہوائیں بکھیر دو

محسوس ہو رہا ہے شفایاب ہو گئے
جو میز پہ دھری ہیں دوائیں بکھیر دو

موجِ رواں ہے آج کے انسان کا مزاج
دائیں بکھیر دو اِسے بائیں بکھیر دو

ہم نے سمیٹ رکھا ہے ماحول کا سکوت
ماحول میں ہماری صدائیں بکھیر دو

ڈربن (ساؤتھ افریقہ)
۱۹۷۵ء

یوں تو تمہارے شہر میں سب ٹھاٹ باٹ ہے
لیکن کسی حسیں کی طبیعت اُچاٹ ہے

جھانکو نہ مجھ میں، میں کرنہ صحرا نہ گلستاں
میں بیکراں ہوں مجھ میں کوئی گھر نہ گھاٹ ہے

گلشن میں رنگ و نور، خس و خار کی ہے بھیڑ
صحرا تکلّفات کے فن میں سپاٹ ہے

یہ حسنِ مصلحت ہے کہ اپنی زباں نہ کھول
یوں بھی تری خموش نگاہی میں کاٹ ہے

پُروائیاں (انتخاب کلام) 135 بیکل اتساہی

سب تخت و تاج وقت کے دھارے میں بہہ گئے
ٹھہی ہوئی غریب کی بھی ٹوٹی کھاٹ ہے

ہر پھول رنگ و بُو میں ہمیں کاغذی لگا
کہتے ہیں لوگ جشنِ بہاراں یراٹ ہے

یہ حسن یہ جوانی یہ انداز یہ نکھار
اُترے ندی تو کوئی کہے کتنا پاٹ ہے

صدیوں سے دھوپ کو تو رہا چھاؤں سے عناد
لیکن اِدھر سُنا ہے بڑی سانٹھ گانٹھ ہے

بیکلؔ کہاں تو سمت غزل سَر بَخَم چلا
گیتوں کے راج کاج کا تُو سامراٹ ہے

جوہانس برگ (ساؤتھ افریقہ)

کہہ دو کہ رنگ و بو سے ہوائیں وضو کریں
پھر میرے گلستاں کی کوئی گفتگو کریں

وہ وقت ہے کہ اپنی خبر ہی نہیں ہمیں
تو ہی بتا کہ کیسے تری آرزو کریں

اے موسمِ بہار ترے احترام میں
گلشن سنوار لیں کہ گریباں رفو کریں

جن کے لہو سے پائی چٹانوں نے آبرو
اُن پہ یہ قید ہے کہ غمِ رنگ و بو کریں

دیر و حرم میں بحث چھڑی پھر بنامِ امن
پھر آؤ اہتمامِ شراب و سبو کریں

منصف مجھے سزا کہ جزا دیں مرا نصیب
جو فیصلہ کریں وہ ترے روبرو کریں

بیکلؔ یہ میکدہ بھی فرشتوں کی بزم ہے
اب آدمی کی اور کہاں جستجو کریں

بشکریہ: نئی دلی۔ نئی دلی کشمیری گیٹ
۱۹۷۵ء

یہ جو میرے قریب ہیں چہرے
کیا سبھی بدنصیب ہیں چہرے
ان پہ دولت کا رنگ و روغن ہے
پھر بھی جیسے غریب ہیں چہرے
لوگ کہتے ہیں بے وفا جن کو
وہ مرے ہی حبیب ہیں چہرے
کل جو ہر حال میں رفیق رہے
آج وہ بھی رقیب ہیں چہرے
ہر شکن میں اداسیاں ہیں مگر
عہدِ نو کے نقیب ہیں چہرے
دھوپ میں لہلہانے لگتے ہیں
دیکھو کتنے عجیب ہیں چہرے
بے زباں رات کے اندھیروں میں
چاندنی کے خطیب ہیں چہرے
لوگ مانوس ہو گئے بیکلؔ
پھر بھی جیسے مہیب ہیں چہرے

غزل

"نذرِ خسروؒ"

دن ہے سہانا چھیل چھبیلا رات بڑی البیلی ہے
لیکن تجھ بن یہ موسم بھی جیسے ٹھگوں کی حویلی ہے

دور رہے تو ہر اک لمحہ بیتی صدی سا لگتا تھا
پاس ہوئے تو ہر اک دھڑکن جیسے دلہن نویلی ہے

کچی نیند جگا جاتی ہے رات میں ساون بھادوں کی
الھڑ جھولوں کی پروائی کتنی شوخ سہیلی ہے

قتل جہاں کچھ پھول ہوئے تھے آگ لگی شعلے مچلے تھے
ہر پتا اُس شاخ کا اب تو مہندی لگی ہتھیلی ہے

کون ہے کس کا بھید نہ پوچھو یہ بھی جگت کی ریت نہ پوچھو
اپنوں سے پردہ ہے لیکن غیروں سے اٹکھیلی ہے

اِن دونوں کی ایک ہی ماں ہے دو قالب ہیں ایک ہی جاں ہے
پھر بھی اردو کو ہندی کی لوگ کہیں سوتیلی ہے

میری زباں ہر دل کی زباں ہے کومل کومل حسن بیاں ہے
برسوں تک یہ تو خسرو کی انگنائی میں کھیلی ہے

اسکا لہجہ چنچل چنچل روپ کا درپن جیوت کی جھل جھل
میری غزل کی بحر نہ دیکھو یہ تو میرؔ کی چیلی ہے

آگئیں یاد کٹھور کی بتیاں برسے نین دھڑک گئیں چھتیاں
پردیسی! اب بھیج دے پتیاں برہن آج اکیلی ہے

ہر پہلو اک زخم اُگائے ہر کروٹ مرہم بن جائے
بیکلؔ بوجھ سکو تو جیسے یاد بھی ایک پہیلی ہے

یوں ہی گیا کل بھی مرے گھر میں اندھیرا ہوگا
رات کے بعد سنا ہے کہ سویرا ہوگا

آج جو لمحہ ملے پیار کی باتیں کر لے
وقت بے رحم ہے کل تیرا نہ میرا ہوگا

میں تو لُٹ جاؤں گا لیکن مرے لُٹ جانے کے بعد
خود ہی لُٹ جانے کو بے تاب لٹیرا ہوگا

یا کوئی سوہنی مہیوال سے روٹھی ہوگی
یا کوئی ڈوبنے والوں میں مچھیرا ہوگا

حادثے تھک کے سرِ راہ کہیں ٹھہر گئے
زندگی بول کہاں اب ترا ڈیرا ہوگا

لطفِ غم دے کے چلا ہے تو چلا جا جوگی
یہ بتا دے کہ اِدھر کب ترا پھیرا ہوگا

لوگ جس گاؤں میں منصف کو بسا آئے ہیں
کل اسی گاؤں میں قاتل کا بسیرا ہوگا

ناگنیں وقت کی ڈس لیں گی سنا ہے بیکلؔ
مطمئن تب ترے گیتوں کا سپیرا ہوگا

پورٹ لوئس، ماریشش